La Haute Sorcellerie Dans La Cyber Escroquerie

L`Arnaque Spectaculaire Four-One-Nine (419)

par

Jules Fonba

https://facebook.com/julesfonba
https://twitter.com/julesfonba
www.julesfonba.8m.com

CONTENTS

Une traduction de

Jules Fonba, SM Eugene Kingue et Bienvenue Fotso

TITRE D'ORIGINE

Deep Witchcraft In The 419 Fraud:
The Mystery Behind

AUTRE LIVRE PAR LE AUTEUR SUR CETTE MEME DOMAINE

Cyber escroquerie:
L`Art Spectaculaire De Four One Nine (419)

1 Introduction

Ce serait un délire de ne pas reconnaître que le système de fraude cybernétique 419 (ou Feymania en ligne), n'a pas constitué une source de revenus considérable pour les « 419eurs », au cours des vingt-cinq dernières années. C'est la preuve qu'à travers des farces et autres duperies ou fraudes commerciales sophistiquées, contraires à l'éthique, l'accumulation des fortunes considérables peut être faite dans un espace très réduit.

Particulièrement, lors de la conversion des dollars en devises moins fortes, par le biais d'exhibition d'argent sur plateau doré. C'est ainsi que beaucoup ont connu, de manière insoupçonnée et contre toute attente, une incroyable richesse dans leur vie.

La vente d'illusions est devenue une source de

revenus incontestable. Cela met en exergue leurs adeptes dans divers domaines de leur existence, leur procurant un profond respect, de l'amour, une forte influence, de la vénération, de l'honneur, de la fierté, et de bonnes relations (au plan local comme à l'étranger), des couronnements traditionnels, du succès commercial, des plaisirs aussi bien que l'ascension politique, et autres facilités ou avantages. En faisant ainsi rêver beaucoup de jeunes diplômés originaires des pays sous-développés, dont l'avenir se trouve de fait obscurci.

Mais lorsque le pouvoir économique connait une dégradation persistante à cause de l'endurcissement des politiques appliquées sur presque tous les pays, le recours aux réformes modernes va sûrement gagner du terrain, que ce soit de manière informelle ou dans un cadre juridique.

Ces vulgaires pratiques criminelles ont été si fortes, si excitantes, si douces, si réelles, et en même temps si convaincantes que la société a connu à tous les niveaux, l'attrait des flux y relatifs. En particulier les jeunes diplômés au chômage.

En plus, lorsque la suspicion, le vol, la corruption, la criminalité, la duperie et le banditisme affectent tous les secteurs de l'économie d'une nation, la nécessité d'une conscientisation atteindra forcement son paroxysme, puisqu'il il y aura ainsi un problème grave à résoudre. Aussi, les victimes et les organisations anti-criminalité ne croiseront pas les bras face à ces héros malveillants, les voyant prospérer au détriment de la société toute entière et de la postérité.

Alors, une fois bien installés, et déjà confortablement établi avec une amélioration de leur vie, les 419eurs ou Feymen ne percevront surement pas l'élan de conscientisation au sein du public, ce qui rendra encore plus difficile toute possibilité pour eux d'arrêter leurs pratiques négatives. Car la duperie et la tromperie qui constituent essentiellement leur mode d'acquisition des biens ne leur permettront jamais de bénéficier d'aucune tolérance.

Face à l'élan de conscientisation qui se repend au sein des populations, les arnaqueurs qui souhaitent, autant se voir faire tout, pour maintenir le statu quo en ce qui concerne leurs capacités à faire des victimes, mettent sur pied de nouvelles méthodes.

Leur jeu consiste tout simplement à contrôler le corps, la pensé et l'esprit de leurs victimes, avec une forte capacité à contredire le bon sens humain, juste pour maintenir le flot d'argent dans leur comptes. Ceci n'est rien d'autre que le démonisme, exprimé à travers des charmes, les pratiques occultes, dans un monde infesté de règles et de lois plutôt meurtrières.

Ou plus on y regarde en profondeur, plus cela devient effrayant, dans la mesure où l'intelligence exogène ou naturelle est délaissée pour laisser place aux forces obscures ou endogènes.

La particularité de ce mode illégitime d'acquisition de biens a entraîné les auteurs de ces actes à une révision de leurs méthodes irrationnelles. Semblant ainsi dire publiquement et ouvertement ne pas être prêt à mettre fin à ces pratiques, et déterminés à maintenir cette situation où les autres seront toujours des proies, lesquelles devront toujours se plier à leurs exigences.

Mais cependant, à quel prix? Lorsqu'on flirte avec le diable, on peut être sûr d'être ébloui par ses promesses fallacieuses. Ce d'autant plus que la génération concernée est une génération qui ne connaît ni discipline, ni maitrise de sa propre image. Car cette génération qui s'est auto classée comme une génération sans repère, exposée à des pratiques peu orthodoxes, lesquelles se révèlent être des armes à double tranchant, est dans une situation où ne peuvent survivre que les plus « rodés ». Combien ont ou auront alors l'intelligence ou la capacité de s'imposer dans ces cercles, d'en payer le prix, ou encore de s'y faire une place? Il est temps de dire qui sera suffisamment en mesure de s'auto déterminer au point de savoir «quand, comment et où » fixer des limites.

Ceci est exactement ce de quoi ce livre va traiter. Nous allons naviguer dans le monde du paranormal, du démonisme atteint par ces téméraires 419eurs. Des faussaires bien déterminés à faire vivre leurs méthodes ;dévoilant chaque effet, de manière à provoquer la frénésie de la découverte chez le lecteur, le tenant tout au long en haleine.

Encore une fois un livre comme celui-ci, comme conseillé dans la précédente publication (Cyber Escroquerie ou 419 Le Jeu Cyberscam) du même auteur, doit être lu autant de fois que possible, pour la bonne compréhension de chacun des thèmes évoqués.

2 Compréhension De La Sorcellerie

Un aspect primordial qui doit véritablement être pris en compte dans les pratiques de la sorcellerie, est que, la capacité et le zèle, sont pratiquement indiscernables. Les objectifs sont très souvent trop près du point d'arrivée.

Ce point originel est toujours accosté avec une curiosité certaine dans la recherche du pouvoir pour manipuler les êtres humains et leur environnement. Cet esprit égocentrique a évidemment conduit à la boîte de Pandore de toutes sortes, chaque époque, allant vers une quête plus profonde dans les abîmes, comme le monde ou les humains sont devenu plus amers et plus avides d'argent facile et de pouvoir.

Alors, qu'est-ce donc la sorcellerie?

Traditionnellement, c'est la capacité solennelle de s'approcher du diable et de jouir de tous ses avantages malicieux directement ou indirectement, ceci par l'intermédiaire d'un sorcier ou d'incantations.

Un pacte légalisé entre un mortel et le démon ou démons concernés, afin d'accomplir certains actes contre-nature ; en contrepartie, le démon accède de suite à toutes ses demandes terrestres.

Étymologiquement, la sorcellerie est un art de légèreté, d'une docilité sombre, attribuée à des libations, des incantations, des invocations, des mots concoctés, les rites, les illusions et plus encore, qui ont pour but de transcender, et d'affecter l'âme de la personne et la soumettre à sa volonté.

Ne nécessitant pas le plus souvent la présence physique; c'est toujours la grande cause de maladies, de mort, d'appauvrissement, de malédictions, de malheurs et de déconnexions de la société de tous types, conduisant au post-traumatisme.

Les 419ers, arnaqueurs ou Feymen utilisent la magie noire, parce que c'est la plus courante dans leur milieu, et qui a été pratiquée par leurs ancêtres depuis l'âge du paganisme pur. Il comporte deux étapes principales, la phase inférieure qui va avec les sacrifices de bêtes et la phase supérieure qui s'effectue avec des sacrifices humains.

Nonobstant ce qui vient d'être dit, la sorcellerie peut encore être stimulée en tant que cause profonde de problèmes inconnus, qui se déroule en plein jour, et en marge de la vérité évangélique. Une simple projection véhiculant une fausse image, à qui peut la voir ou pas.

Qui fait ensuite valoir, de celui-ci, ne étant pas une industrie de duperie, arnaque, vol etc., bien organisé par les démons ou démonologies cumulés? Un corps bien structuré, mis en avant pour souiller les commandements de Dieu.

Qui dira encore que les Feymen ne vont jamais se contenter de leur art en acceptant de se faire appeler les mauvais garçons pour toujours, aussi longtemps qu'ils continuent de se remplir les poches.

Où ils acceptent volontairement de se soumettre à la nappe ardente de rituels Sataniques et de nuisances énumérées, pour atteindre l'or. Comme les enfants de Dieu, dont quelques-uns acceptent de tout cœur, ou se conforment à ses commandants afin de bénéficier de sa protection perpétuelle.

Quelques mots clés associés à l'attitude comportementale des 419eurs dans les pratiques de sorcellerie.

a. La messe noire: C'est l'inversion de tout ce qui va avec la messe sainte. Une pure moquerie envers le Christ, appelant Satan avec toutes les saturations requises. Elle est surtout pratiquée par les 419eurs et groupes occultes au niveau de l'Etat. La plupart des rituels sont effectués les samedis. Leur visage de la bête est la chèvre.

b. Juju: C'est tout ce qui est surnaturel; cela peut être un charme, un anneau de n'importe quel ordre fétiche permettant d'influencer la nature. Il est très courant dans la culture ouest-africaine.

c. Mallams: Ce sont des sorciers musulmans spécialisés dans les charmes occultes élevés, bien concoctés avec des versets du Coran. Ils sont passés maîtres dans la fabrication des Layas et gri-gris. Ils ont également affaire aux démons appelés Jinns.

d. Magie: Elle est aussi connue comme juju. C'est la capacité d'influencer à toutes les étapes. Les 419eurs utilisent ce nom pour exprimer leur domination sur les autres par la métapsychologie (processus mentaux au-delà de ce qui peut être étudié expérimentalement)

e. Conjuration: L'art de faire apparaître par des moyens mystiques. Les escrocs (dupeurs) utilisent ce moyen pour faire apparaître l'esprit de leur victime quand besoin est, c'est-à-dire lors de la navigation ou des appels téléphoniques.

f. Sika Duru: Signifie simplement «prix du sang», parmi les Akan. Une tribu de la nation ghanéenne. Il est utilisé pour faire référence aux activités occultes des Sakawa boys qui traitent notamment des rituels de sacrifices humains. Ils défilent dans les villes à des heures indues avec des cercueils sur leurs têtes, le tout dans le but d'avoir la force nécessaire pour réussir à arnaquer les étrangers via internet.

g. Possession: C'est le pouvoir de prendre les rênes de l'esprit, des émotions et des actions de quelqu'un, par un moyen démoniaque. C'est typiquement l'essence même de l'arnaque mystique 419.

h. Rites: Ce sont les cérémonies que les escrocs et les sorciers font, pendant et après l'initiation. Ceci dans le but d'invoquer les esprits, et la demande nécessaire, pour facilement décrocher les frais d'avance exigés dans un soi-disant deal qui va rapporter gros.

i. La secte Sakawa: L'idée est répandue selon laquelle il s'agit d'une pratique impliquant de jeunes gars ghanéens, allant de l'adolescent à l'adulte dans la trentaine. D'un point de vue ethnographique, ceci démarque une culture purement ghanéenne, une façon pour eux de se différencier des non-Sakawa. C'est avec fierté qu'ils arnaquent les étrangers via internet, en tournant leur cerveau à l'envers.

j. Yahoo Plus: Groupes d'auteurs de cybercriminalité d'origine Nigériane, qui font usage de la magie douce. Ceci avec des charmes, des anneaux magiques afin de tromper n'importe qui, en particulier les étrangers.

k. Yahoo Plus Plus: Contrairement aux gars Yahoo Plus, ceux-ci se différencient de par leur appellation avec un autre «plus». Parce qu'il existe des arnaqueurs sur internet qui font purement des sacrifices humains afin de posséder l'esprit de leurs victimes étrangères. Ils pratiquent le plus haut niveau de la magie dans l'industrie de la duperie et par ce mérite, font une différence entre «eux et nous».

l. Sanctuaire: C'est le siège présumé où les sorciers et les 419ers vont renouveler leurs rituels et invocations. Dans la nuit, l'endroit est toujours éclairé par des bougies de toutes les couleurs en particulier la couleur rouge. Sans oublier les statuettes et les pagnes de décoration avec des odeurs repoussantes.

m. Divination: L'acte de recherche de la connaissance (savoir) par des moyens occultes. La curiosité des escrocs africains pour l'argent et la facilité explique ceci pleinement. C'est pourquoi ils vont débourser n'importe combien pour pouvoir regarder dans les écrans spirituels des sorciers, pour surveiller la proie au maximum dans son intimité.

n. L'idolâtrie: L'Afrique par culture était une région qui adorait les idoles avant l'arrivée des nations coloniales. La plupart, même s'ils font croire qu'ils sont déjà de fervents nés de nouveau, vont toujours à l'insu de tous voir leurs dieux païens pour demander de l'aide. D'autres ont des noms qui portent les emblèmes mêmes de ces dieux païens. La plupart de ces fraudeurs reviennent toujours vers eux.

o. Layas: Une magie purement d'origine musulmane. Les Mallams sont le cerveau derrière ces manipulations de juju. Ils utilisent principalement des parfums, les versets du Coran (mais interdits par Allah) et autres éléments à base de plantes, pour fabriquer les charmes. Ils ont les meilleurs charmes et les potions d'amour dans la société. Les Layas réussissent dans tous leurs efforts, c'est pourquoi on croit que la secte Sakawa aurait débutée grâce à l'utilisation de leur intelligence occulte.

p. Voodoo: Dans un certain espace, c'est de la magie et l'esprit de possession. Les 419eurs utilisent cette théorie à travers les statues, ayant enveloppé le nom ou quoi que ce soit lié à la personne dont on veut contrôler ou posséder l'esprit. Ils peuvent également utiliser le caméléon, le lézard et le rat, entre autres, pour pratiquer le rituel Voodoo sur la victime étrangère. Et 65% de ces victimes ont toujours des conséquences physiques et spirituelles qui ne nécessitent que la guérison et l'intervention divine.

q. Mougou: Le nom moqueur donné à une victime ou proie étrangère. Il a de nombreuses formes, et se réinvente tous les jours, comme le temps s'écoule, indépendamment des régions dans lesquelles les escrocs opèrent. Quelques échantillons: Yeye, Mbout, Beef, Waiiyoo et Pahpe, pour ne citer que quelques-uns.

r. Esprit de l'eau ou esprit marin: C'est un démon de l'eau. Ils sont les démons les plus puissants qui existent. Les 419eurs qui ont des gros coups sont souvent amenés bords des rivières, des océans, da mer pour faire des rituels haut placés, de sorte que les esprits de l'eau (Mamie water)interviennent.

Parce que la plupart ont des royaumes dirigés par des rois et des reines puissants, à forte propagation force démoniaque, ils ont des enfants dispersés autour du monde, dans le cadre de hautes missions de destruction secrètes. Leur arme principale étant très souvent la luxure.

3 Pourquoi La Sorcellerie Est-Elle Appliquée Sur La Fraude Cybernétique

Si nous pouvons admettre que la sorcellerie est l'ensemble des mystères, de l'hermétisme et de l'alchimie, sûrement que les victimes seront un cas à voir de plus près, parce que ostentatoirement, une forme de maladie est implantée au système, qui n'apporte guerre l'harmonie peu après. Ce sera comme un bug, qui a besoin d'une attention particulière.

C'est ce caractère unique qui invite avec humour les escrocs comme monnayeurs à venir récolter simplement cet aspect, parce que l'époque a été infestée par le parasite de la conscientisation et l'alerte perpétuelle.

Jurant au même mode de vie, avec ferveur qu'il

n'y aura pas de point de retour. A présent, examinons les points un par un.

La sensibilisation du public à propos de leurs manœuvres usuelles.

Le jeu a grandi et est devenu tellement populaire; tous les secteurs du monde ont ressenti sa présence, en particulier du mauvais côté de la chose. Les gens ont été avertis par leur gouvernement local des dangers et de leurs modes de fonctionnement. Exposant ainsi leur jeu en exhibant leurs emails d'arnaques, comme par exemple l'arnaque du mourant, l'arnaque a la vente au prix bas, les arnaques bancaires, les arnaques amoureuses etc. Ce seul fait, a eu un effet grave sur l'industrie 419 ou escroquerie, puisque le flux d'argent facile est devenu difficile d'accès.

Dans l'attente d'une menace immédiate sur leur mode de vie somptueux ressenti partout où qu'ils soient. De toute évidence, ne leur laissant aucun autre choix pour augmenter leurs chances avec l'invocation des esprits démoniaques pour la consternation et le désarroi, pour qui sera la proie.

Beaucoup de gens déjà impliqués dans l'entreprise. La communauté de l'arnaque 419 est devenue très peuplée, et trop fréquentée, brisant les orteils de leurs compatriotes escrocs partout autour du globe. D'un certain point de vue, c'est devenu accessible à tous, et par conséquent, rendant la vie difficile aux arnaqueurs les plus respectés du milieu.

L'indiscipline et le manque de professionnalisme de certains 419eurs a rendu cela très difficile de gérer intelligemment l'entreprise à nouveau. En conséquence, beaucoup ont trouvé la solution dans les pratiques de sorcellerie, afin d'avoir le plein contrôle dans la manipulation de la personne.

Dans tout ce qui est dit et demandé, se trouve une positivité imminente. Pas surprenant que vous entendrez l'histoire d'un 419er, déposant le livre saint sur le sol avant d'entrer dans les toilettes, comme rite pour capturer un esprit dans une nation de éloignée.

Le succès à tout prix

Le désir incontestable de réussir à tout prix, est en particulier un accord dans lequel le farceur a investi son propre argent. Le risque d'accepter l'échec devient trop difficile à supporter. La plupart d'entre eux effectuent les rituels lorsqu'ils se préparent à commencer l'opération d'arnaque avec la proie à portée de main.

C'est toujours une sorte de magie qui va avec les tendances de la sorcellerie Voodoo ou celle marine. Dans l'invocation de l'image de la personne à apparaître dans un bol d'eau ou un miroir. Ceci pour étudier le degré de l'énergie cosmique de la victime, ou celles de ceux qui l'entourent, au cas où un danger serait imminent.

Pour réduire le risque d'être blessé

Plus vous êtes fort et plus résistant plus prometteur vous êtes dans l'entreprise. Vous devenez un rocher par vous-même. Raison pour laquelle dans chaque milieu du dit genre, ils y a toujours les personnes qui s'imposent par des puissances de différentes catégories. C'est pour dire que les 419eurs utilisent le juju (nom local nigérian pour appeler la sorcellerie) pour se différencier et maintenir leur puissance.

Ceci est disposé dans l'initiation profonde à la magie à l'épreuve des balles, à la magie pour disparaître, la magie pour se dissimuler, la magie de l'alerte spirituelle, en cas de danger imminent.

Leurs rites d'initiation sont souvent réalisés avec des implantations de bagues bien concoctés dans le corps, c'est dire qu'une partie du corps concerné est coupé grandement (incision).

Parfois avec un poignard, si c'est un Mallam qui fait le travail, et l'anneau devient spirituellement une partie intégrante du corps. D'autres formes courantes sont l'ingestion d'objets, comme des charmes spécifiques, ou des insectes vivants tels le caméléon, le crabe, le lézard faisant de l'arnaqueur quelqu'un de spirituellement élevée sous tous les angles.

Tous ces éléments font que l'escroc se sent unique et craint par les autres de son aptitude. A cela, il leur est souvent donné un troisième sens ou œil, presque au milieu du front, qui prédit tout en temps voulu.

Pouvoirs d'influencer
D'autres s'impliquer dans des sectes urbaines, qui abritent les plus grandes personnalités du milieu.

Tout juste pour influencer la loi, quand tout échoue. Certains, tout juste à la place, s'en vont pour une initiation plus profonde dans la dimension de la sorcellerie, en effectuant l'incroyable, comme les sacrifices humains, les sacrifices de parties humaines, dormir avec malades mentaux des rues; tout ceci afin de protéger leur derrière au-devant de la loi.

De tels actes perpétrés par l'arnaqueur à la demande du sorcier, indique tout simplement le pacte signé par le sorcier et le démon concerné, puisque l'escroc le faisant pour le démon, et en retour il (démon), accède à la demande exigée par ce dernier.

Et le risque élevé ici est que, parfois, ces gestes peuvent avorter, si mêlés une victime ayant une cosmologie élevée. Un feu intérieur dévorant qui agit comme une barrière divine à toute détérioration spirituelle.

Pouvoirs de se métamorphoser en quelque chose d'autre

Certains 419eurs endurcis vont à la recherche des moyens plus sophistiqués encore juste pour protéger leur entreprise de duperie, en s'imprégnant de la magie de transformation en bête.

La forme la plus commune est la formule d'apparition entre escrocs téméraires. Mais, avec cette astuce magique, les choses deviennent très sophistiquées, parce que certaines formules doivent être appliquées par des récitations, où il n'y a pas de place pour l'erreur ou la mort est assurée.

Pour contrôler l'esprit, le corps et l'âme

La meilleure raison de la pratique de l'arnaque 419 dans l'art noir est tout simplement de détenir la manipulation des points vitaux occultes. C'est l'unité centrale de tout cet étalage. Ce faisant, la victime sera subjuguée à l'extraction perpétuelle, que de multiples frais initiaux surviennent.

Comme l'esprit invoqué fait le travail de blocage (formatage) du sens commun de la victime, jusqu'à ce qu'il soit finalement réduit à néant par la télépathie (*la communication supposée de pensées par des moyens autres que les sens connus*).

La théorie s'applique également sur certains fraudeurs intelligents, qui l'utilisent sur leurs compatriotes Feymen ou bandits, juste pour s'assurer qu'ils ont le contrôle de tous leurs esprits.

Ce faisant, gagnant plus de gain dans la théorie de partage et de l'autorité, ou s'enfuyant tout simplement avec la trésorerie, quand l'affaire atteint la maturité.

Pour être en vogue

Pour se mettre à jour des dernières tactiques de

l'industrie. Comme beaucoup de gens ont été conseillés et avertis des dangers imminents impliqués dans l'univers cybernétique.

Dans d'autres cas, de prouver à leurs frères escrocs, que leur niveau a changé et il qu'ils ne sont plus au même niveau. D'autres pour le plaisir de se joindre à un des groupes particuliers de 419ers, doivent se conformer à leurs normes et pratiques impies.

Protéger votre argent

Beaucoup adhérent à la doctrine selon laquelle, l'argent bien protégé spirituellement, peut rester plus longtemps en possession de celui qui le détient.

Vendre profondément leur âme pour protéger leur argent, là où personne ne peut l'utiliser pour devenir riche, à part eux, en maintenant la clé de la percée dans la vie.

C'est une croyance très occulte, plus active avec ceux qui pratiquent le mysticisme haut niveau.

En d'autres termes, cela signifie que, l'argent engendré de lui, ne peut pas vous servir à rien, jusqu'à ce qu'il le dise nécessaire c'est-à-dire la capacité de commander de près ou de loin, en envoutant le transporteur, au cas où il se fait dépouillé, par exemple, des policiers corrompus, les agents de Money Gram ou de Western Union, etc. qui se font du beurre sur leur dos.

4 L'usage De La Sorcellerie Dans La Cybercriminalité Par Les 419eurs

La pratique de la sorcellerie dans le monde de la cybercriminalité implique la personne ou des personnes, et le montant de zèle nécessaire. Ceci dit, il n'y a pas de catégorisation déterminant qui est apte ou non, mais la plutôt la capacité à vouloir acquérir le supranormal, la supernova à la fin.

1) Les simples 419eurs

Cette forme concerne tout individu qui s'inscrit dans ce schéma malhonnête, par des moyens individuels. En utilisant ses propres outils et son intelligence, pour faire tomber la cible. Très habile n'est-ce pas! Ce fraudeur connaît toutes les transformations puissantes, et par toutes les configurations, dont il a besoin. Il peut passer même vingt heures par jour en face de l'ordinateur, personne n'est meilleur que lui dans l'utilisation du logiciel bots.

Ces escrocs sont toujours très diligents dans toutes leurs actions. En utilisant leurs propres outils et leur intelligence pour faire tomber la cible, il est devenu difficile pour de parvenir à leurs fins. Car la plupart ont déjà été alertés. Ils veulent réussir à tout prix, en particulier là où beaucoup de leur argent a été investi dans la transaction.

Ainsi, ils prennent part dans des pratiques occultes lourdes, comme dormir dans les cercueils, faire des sacrifices humains, juste pour effectuer un voyage dans l'esprit de leurs victimes étrangères, etc.

2) Les duo 419eurs

C'est la compagnie de deux hommes ou deux femmes ou un duo d'un homme et d'une femme. Dans certains cas, une femme et son mari ou amoureux. L'un est toujours plus spécialisé dans un domaine où l'autre ne l'est pas à la perfection, ou pas du tout.

Donc, ils conjuguent leurs efforts en prenant le meilleur des deux. Et le bon fonctionnement du système est assuré pour la séduction, le mensonge, le vol, etc.

Comme les temps difficiles n'épargnent personne, bien sûr que le duo d'escrocs aussi fait face à beaucoup de défis; les gens sont devenus trop conscients, trop bien éduqués sur les colères de l'industrie de l'arnaque. Rendant ainsi cette spécialité très difficile à exercer là où il le faut ; par conséquent, cela donne la voie au pacte avec le diable, pour stimuler les chances dans leur jeu préféré.

3) Les 419eurs de circonstance

Comme un mercenaire, les escrocs aussi sont embauchés pour escroquer quelqu'un en ligne, avec toutes les informations de base fournies par le client; il peut s'agir à des moments d'un ex et/ou d'un employé mécontent, d'un ami jaloux ou un parent qui a tous les indices recommandés pour vous nuire entièrement.

Il peut également s'agir d'une personne qui a travaillé dans les coins stratégiques d'une entreprise ou un bureau du gouvernement, qui a de ce fait accès à tous les domaines sensibles, aux codes des pensions retraite, aux numéros de sécurité, et pour rester propre, préfère embaucher des fraudeurs cybernétiques pour pirater le système.

Eux aussi s'impliquent dans les pratiques occultes, parce qu'ils doivent savoir ce dans quoi ils s'embarquent, si ce sera un succès ou non. Mais encore parce que beaucoup de personnes et de nations, ont sensibilisé leurs masses. Et par conséquence, leur terrain de chasse n'est plus aussi bondé que par le passé.

Afin d'assurer à leurs clients la satisfaction acceptable, ils doivent se mettre à jour au niveau requis. Qu'importe la colère et les répercussions de Mère Nature, puisque très peu est dit à ce sujet, à ce moment même.

4) les familles 419eurs

Une affaire de famille, impliquant les frères et sœurs ainsi que les parents, parfois comme complices, chacun ayant un rôle dynamique à jouer; il s'agit là d'une industrie bien structurée.

Certaines familles sont par nature d'une dérivation satanique depuis des générations. L'art de la magie est tout juste une culture normale dans leur vie, et faire quelque chose sans elle, appel à beaucoup d'efforts, et parfois cela ne fonctionne pas vraiment. La plupart de ces familles gouvernent ce monde, et nous ressentons leurs effets tous les jours sans même en prendre note.

Mais certaines de ces familles se font initier lorsque le besoin se fait ressentir. Qu'en est-il d'une famille qui vit dans la duperie depuis des décennies simplement pour pouvoir joindre les deux bouts. Bien sûr, une force d'assistance sera le dernier recours, et ce sera rien d'autre que la sorcellerie.

Et parfois, l'envie de s'impliquer davantage devient une interrogation, car les conditions sont imposées pour qui veut aller plus loin, avoir plus d'argent et de succès au rendez-vous.

C'est à ce moment que ces familles sont souvent confrontées à des options, comme sacrifier l'un d'eux à des rituels de sang ou remplir des conditions telles que transformer l'un des leur en un mongol. C'est pour cette raison que nous disons qu'il faut bien réfléchir avant de choisir son conjoint, car la malédiction familiale s'immisce dans tout ce que chaque membre fait et où il va.

5) les 419ers du quartier

Cette catégorie implique les délinquants endurcis du quartier qui répandent la peur et imposent le respect. La trahison zéro est garantie, sinon vous courrez vous et votre famille vers un danger certain. Où tout le monde connaît tout le monde, et il est donc facile de repérer la moindre faille. Mais pour ces frères aussi, les temps sont durs. Certains ont fini par abandonner, mais d'autres veulent toujours persévérer; et par conséquent, ils ont fini par employer les services mortels des Mallams (Les démonistes musulmans). C'est de cette manière qu'ils ont donné naissance au culte Yahoo plus, Sakawa et Yahoo Plus Plus, où le voyage de non-retour est entamé.

6) Les étudiants des collèges et universités

Ils voient en l'escroquerie un moyen de gagner une haute opinion, la vénération, l'estime, la déférence auprès des amis. Pourquoi donc abandonneraient-ils l'arnaque simplement du fait qu'une poignée de personne a décidée de leur rendre la vie difficile en révélant leurs tactiques ? Jamais ! Hors de question de laisser tomber. Quelque chose devait être fait, parce que le mode de vie qu'ils ont ne mérite pas d'etre freiné, comme ils se sont avérés être de grands gaspilleurs.

C'est ainsi qu'ils ont témoigné de l'entrée en scène des sorciers et Mallams par des grandes portes, avec tous les gadgets de séduction ainsi que des génies maléfiques.

C'est un fait à prendre au sérieux, parce que les larmes des mères ne sont jamais bien loin si jamais un malheur arrivait à leurs enfants bien-aimés. Etant donné que les universités ont toujours été le berceau de l'initiation aux sectes majeures et mineures qui règne dans le monde aujourd'hui.

7) Les 419eurs nomades ou inter régionaux

Ils sont également connus comme les voyageurs, vagabonds ou itinérants. Ils se déplacent d'un cyber café à l'autre dans différentes régions ou Etats.

A chaque proie un secteur ou une ville, un centre internet spécifique. Et une fois l'affaire bouclée, ils changent de lieu ou de comté (région). Tout comme la grande dépression qui a touché l'ensemble de l'Amérique, eux aussi ne sont pas épargnés par les maux.

L'industrie est devenue trop bondée, avec des personnes ne possédant aucun professionnalisme. Et le pire de tous, la prise de conscience de tous, provoquant une crevaison dans le bon déroulement de l'arnaque. Beaucoup ont alors décidé de s'initier à la sorcellerie profonde, afin d'améliorer leur force par des accords avec Lucifer.

8) Les groupes intellectuels de 419eurs

Nous devrions les appeler les gentlemen qui n'éveillent aucun doute, et chaque membre un commando spécialisé dans son type d'arnaque. Ils sont très disciplinés et respectueux des instructions de leur chef, le cerveau de la boite, l'Einstein, souvent chargé d'un lourd passé criminel qui permet au département de la Justice de toujours avoir un œil sur eux.

Mais eux aussi font face à des défis de nos jours, parce que la génération présente ne veut plus être leur victime. Les nombreux témoignages ont mis en alerte beaucoup de personnes. Aussi, plusieurs groupes de ce genre se sont formés de part et d'autre. Par conséquent, certains arnaqueurs ont été convaincu de quitter l'entreprise, tandis que d'autres ont dû passer au niveau suivant (initiation aux pratiques occultes).

9) Les gourous intouchables

C'est le plus haut niveau de l'arnaque, où beaucoup d'argent est impliqué, avec de multiples chiffres de six zéros. Ces derniers profitant de la sécurité, de l'assurance et de l'intervention rapide venant des hauts fonctionnaires du gouvernement.

Transformant littéralement tout ceci en une affaire d'Etat.

Tout ceci parce que les représentants du gouvernement doivent jouir de leur pourcentage une fois que l'affaire s'avère être un succès. En un mot, ils sont ceux qui veulent tout avoir, richesse, immortalité, espace, et par conséquent qui souhaite tout, risque tout ; même s'il faut sacrifier tout un village pour atteindre leur but.

En fin de compte, ils se retrouvent dans un enchevêtrement où ils ne peuvent ni reculer, ni abandonner. On fait leur fait comprendre de manière astucieuse que si vous n'êtes pas avec nous, vous êtes contre nous. Car vous en savez déjà trop à notre goût.

Pour mettre fin à ce type d'organisation, il demande toujours, l'altération des délégués du gouvernement en place, ou d'un coup d'État. Et aussi vite dissout, aussitôt remis en place. Parce que c'est un domaine très lucratif où les victimes à exploiter sont légions.

5 Principales Catégories Dans La Sorcellerie Cybernétique

Il existe des méthodes innombrables par lesquelles on peut classer la sorcellerie cybernétique. Cette pratique change en fonction de la supposée proie. Les demandes se font au jour le jour, au gré du cynisme des Feymans. Dans la compréhension du sujet, chaque époque va avec son propre ego et ses ennemis contemporains.

Tant que les hommes sont inclinés vers la recherche effrénée des richesses, ils seront toujours exposés à toutes formes d'arnaques diabolique. Seulement ici, ceux qui ramènent cette sorcellerie vers la ville ou les masses, se retrouvent parfois à donner plus de valeur illusoire (sur le plan linguistique) aux pratiques de sorcellerie. Tandis qu'en dessous, reposent les causes cachées et ses subtilités.

Dans une autre mesure, vous êtes exposés aux gracieux avantages qu'ils offrent, tout en masquant les pièges de ce super chérie, que vous vivrez en réalité quand vous serez déjà engagés dans le circuit infernal. Ce n'est pas l'harmonie sur tous les secteurs de la vie, car, une fois engagée, la dignité l'homme est bafouée et réduite à une chosification.

La plupart de ces 419ers qui s'engagent de façon naïve et ignorante sont soit séduits, ou conditionnés à subir les dures réalités plus tard.

Parce que pour souper avec le diable, on a besoin d'une autodiscipline particulière, dont la plupart dans cette génération contemporaine ne possèdent pas le savoir primordial, et bien entendu, le piège de la mort n'est jamais trop loin.

Au moment où ces 419eurs se rendent compte qu'ils se sont trop enfoncés dans l'ignorance, et qu'ils ne peuvent plus échapper au système, en retour ils reçoivent un boomerang qui les expose aux dangers de la folie, et pire a la mort immédiate. Tout ça parce que leur énergie vitale est carrément vidée.

Nous allons effectuer une analyse en trois étapes :

1) Charmes

Il s'agit d'une influence de la nature humaine, d'une simple compréhension des faits. Les charmes vous aident à acquérir les choses d'une manière inhabituelle. Vous êtes comme propulsés dans une sorte de chance que la nature ne permet pas et la considère de ce fait comme une tricherie.

La plupart des 419ers pratiquant cet art passent souvent par de nombreux comportements bizarres, comme l'implantation d'anneaux bien concoctés dans leur corps à travers des incisions, attacher les Layas (*gris-gris*) sur le bras, autour des reins, du cou, des jambes, ou avaler des objets comme des animaux etc. Certaines autres méthodes consistent à commander mystiquement à travers le corps, chacune ayant une fonction précise.

Pourtant, l'aspect caché de ces pratique est toujours une piste, un chemin unique et obligatoire à une seule voie. Ceci, parce que, le donateur du charme se limite souvent sa petite connaissance à l'offre, ce qui signifie que la plupart n'a pas connaissance de la formule pour en sortir.

Et quand il est impossible de retirer ce qui a été

joyeusement donnés, les démons à l'intérieur du corps se tournent vers d'autres soucis, conduisant à la mort, la folie ou d`autres formes bizarres de maladies que la médecine naturelle ne peut guérir. En ce moment précis, seul l'intervention divine est salutaire. Au cas où vous avez encore la chance de le trouver et s'il le veut bien.

Les charmes sont de types variés, en fonction de la religion, du donneur et du culte de démon. Les démons procèdent de différentes manières et cela avec les accords de mortel qui les vénèrent.

Donc, si un escroc rencontre sorcier qui traite avec un archi démon, il y aura évidemment beaucoup de sacrifices de sang pour atteindre le genre de charme demandé, donc des avantages trop explosifs. Comme charmes populaires ceux fabriqués à partir des organes humaines comme les parties génitales, les yeux, la poitrine, la tête ou n'importe laquelle; ceci pour une formule de mixture puissante.

La qualité et surtout les organes les plus coûteux sur le marché sont ceux des êtres albinos ou des roux. Parce que tous ce qui émane d'eux est de qualité pour un bon rite fétichique, raison pour laquelle certains pays africains ont maintenant des coins de protection spéciale pour prévenir la vie des albinos menacés des dangers des sectaires et des mangeurs d'organes humains. Un bon exemple est la Tanzanie, en Afrique, qui a voté récemment une loi interdisant toute existence, lieu et pratique de tradi-praticiens.

Nous avons aussi des charmes issus de caméléons et d'animaux rares de toutes sortes, dans l'attente de leurs qualités reconnues qui sont mélangés avec des plantes d'influences spirituelles, nécessaires à la formule pour arriver à la demande exigée. Ces charmes sont toujours très puissants et sont à n'en point douter retrouvés dans les milieux d'affaires.

Mais les meilleurs, et les formes les plus réputées de charmes, sont ceux qui ont pour incantations les versets coraniques. Ce sont les charmes concoctés par des Mallams hautement élevés spirituellement. Ils ont la connaissance cachée des versets du Coran qui ont des pouvoirs exceptionnels pour influencer la nature.

En bref, ils ont la réputation de le faire. Et à travers eux, on a vu la naissance du culte Sakawa au Ghana, qui avait pour spécialisation, l'initiation des jeunes à un autre niveau d'escroquerie. Bien sûr nous y reviendrons.

Avantages

Les avantages des charmes vont avec beaucoup d'argent a première vue. La plupart des escrocs témoignent d'une gloire spontanée dans leur vie, où ils ne s`y attendaient pas; suscitant une élévation de leur vie à tous les niveaux. Les 419eurs se retrouvent à contrôler avec beaucoup de facilité les gens de l'enseignement supérieur, des individus issus des grandes nations, sous la forme de toutes sortes de jargons qu'ils racontent à leurs victimes. Cela peut être soit l'escroquerie amoureuse, celle des comptes en souffrance, l'escroquerie de l'héritage ou bien l'escroquerie des comptes oubliés du feu chef Abiola à l'étranger etc.

La victime est subjuguée à toutes formes de soumissions, manipulations, conduisant à l'hypnose qui la frappe, un flash perpétuel, une commande pure et simple du corps et de l'esprit. C'est-à-dire que l`esprit conscient est totalement changé au profit d'un esprit de contrôle.

Inconvénients

Les esprits supérieurs connaissent les retombés de l'usage du charme sur la personne ou par la personne; cela a donc un effet double des deux côtés, ceci sur la victime et l'utilisateur. C'est là que ceux qui veulent se faire initier ou en faire de ça leur propre business, deviennent des proies de leur propre cupidité.

L'utilisateur crédule est subjugué à un renouvellement fréquent du charme, et la victime, est condamnée à la torture perpétuelle de son esprit et de son corps, même après avoir été frappé par le fausser. La proie est tachée d'impuretés et d'auras négatifs, demandant purification spirituelle ou la délivrance de toute force éclairante.

Ainsi, l'utilisateur est déjà teinté à partir du moment où le zèle de pratiquer le charme est nait. Les conditions de renouvellement de charme peuvent être pêchées dans une zone de non possibilité. L'esprit impliqué peut pratiquer la tolérance zéro, qu'il soit fait ou non spécifié.

L'escroc à ce stade n'a aucun lien avec l'éternel, et ne profite d'aucune grâce du ciel, jusqu'à ce que la confession et la renonciation soient faites, chose toujours très rare.

L'utilisation des charmes passe souvent par des comportements bizarres des escrocs; la plupart de leurs richesses mal acquises ne les attire pas toujours la paix. Et les quêtes monotones et permanentes pour obtenir toujours plus ou obtenir que ci ou ça soit fait. Car il existe toujours une peur de ceci ou cela, une succession de supposition qui n'en finis pas; et vous et moi savons que ceux qui vivent de ce manière n'auront jamais la paix.

Ils se sont opposés à la force positive de la vie, et le temps de boomerang n'est pas toujours loin du point de départ qui est l'initiation.

2) Les guérisseurs

Ce sont les détenteurs de tous les maléfices entourant la sorcellerie qui existe depuis la création de l'homme. Ils sont très souvent crédités des pouvoirs de faire des miracles afin de changer la vie ou de l'influencer, mais de quelle cosmologie est-il question ?

Ils sont les intermédiaires qui parlent, dorment, marchent et effectuent des voyages astraux avec les esprits, ayant la capacité d'un oracle, d'un devin, d'un clairvoyant, ou diseuse de bonne aventure. Parfois, ils utilisent tous les éléments fournis par la victime (directe ou indirecte), afin de l'amener à croire aveuglément tout ce qui sera dit, et à accéder à toutes les demandes de ce dernier (victime étrangère, quel que soit la distinction éducative).

Le sorcier devient actif dès lors qu'il passe un accord avec un démon ; son objectif étant de déshumaniser ou de dénaturer la victime, de manière visible ou invisible. Le démon qui est au service du sorcier attire alors les potentiels clients tout en respectant l'accord préalablement établi entre eux. Par conséquent, Il est accordé à ce dernier l'intelligence d'un pentagramme satanique lui permettant d'entrer en contact avec les esprits démoniaques et de les avoir à sa disposition. Raison pour laquelle il a la connaissance et la maitrise des sorts mineurs et majeurs de toutes natures.

C'est ainsi que lorsque les fraudeurs très souvent désespérés viennent à lui pour des services mystiques néfastes, ces escrocs sont immédiatement exposés aux pratiques et rites de toutes sortes qui vont de pair avec les recommandations faites au cours de l'accord initial avec le sorcier. Toutes ces pratiques constituent une insulte à la nature.

À ce stade, les instructions venant du sorcier sont agressives et sans limites comme les sacrifices humains, dormir dans des cercueils, invocations d'esprit dans les cimetières etc. Tout ceci dans le but non seulement de renforcer les capacités du démon, mais aussi et surtout de l'implorer à accéder à sa demande. Par un tel accord, le fraudeur se coupe et renonce ainsi à l'énergie positive qui vient de l'Eternel, et dans chaque acte, on y voit la déshumanisation de l'homme et des lois divines. Ces escrocs si désireux de gagner de l'argent à tous les prix, tentent le diable sans aucune idée des conséquences de leurs actes.

Ces sorciers évoluent par catégories, niveaux, indépendamment de leur milieu et de leur religion d'un côté, et des démons concernés de l'autre. Il existe des démons plus puissants que d'autres et dans des situations délicates, certains tradi-praticiens vont à la recherche des esprits supérieurs ou contactent leurs collègues dans le métier afin de pouvoir effectuer un travail spécifique.

Tout ceci dépend bien évidemment du montant versé pour que le travail soit fait et de la volonté de l'escroc à se soumettre aux exigences hors normes du sorcier. Mais ne perdons pas de vue que certaines tâches sont effectuées par le sorcier lui-même, bien sûr avec une compensation financière à l'appui.

Il faut l'avouer, la relation entre le sorcier et le démon n'est pas et n'a jamais été pleine d'admiration. Malgré leur alliance et leur volonté néfaste d'accomplir l'acte déloyal du péché et de la malversation, certains démons s'avèrent être des forces de destruction infatigables et insatiables.

C'est ainsi que ces derniers créent des divisions, infligent parfois des sort, sous forme de maladies, de difficultés financières et les limites de toutes sortes au tradi-praticien qui leur doit respect et allégeance en fonction de leur traité initial. Certains tradi-praticiens vont jusqu'à fuir leur sanctuaire sans ménagement, en disparaissant de leur site du jour au lendemain pendant des mois ou sont simplement témoins des persécutions auxquelles font face les membres de leur famille. Ceci résulte du fait que ces démons connaissent les points faibles de ces deniers ainsi que leurs passions et désirs.

Avantages

L'aspect le plus juteux dans l'activité des tradi-praticiens en ce qui concerne les 419ers (*les cybers Feymen*) réside au niveau de l'impact de leur travail sur la population. C'est ainsi que l'histoire se souviendra de leurs méfaits années après années.

Car ne perdons pas de vue que ces derniers ont directement ou indirectement influencé nos vies depuis des générations, ce qui rend parfois difficile de les différencier des intermédiaires ancestraux.

Ils sont de potentiels parapsychologues, les cerveaux même des arnaques spirituelles en Afrique et dans le monde en général. Ils ont permis de réinventer la duperie cybernétique (le télé-psychisme magnétique) en mettant sur pied un moyen fiable de se faire de l'argent, de la popularité et aussi d'en procurer aux escrocs qui requièrent leurs services.

Avec une renommée qui dépasse les frontières, les tradi-praticiens sont plus à même de gagner de très fortes sommes d'argent. Ceci avec des coups valant des milliers ou des millions de dollars, les Feymen viennent à eux pour une analyse de données spirituelles et si cela est convainquant, la ruse est immédiatement mise en place.

Ces tradi-praticiens ont le savoir-faire recherché par les cybers criminels, et par la puissance de leur troisième œil, ils ont une emprise sur ces derniers et ont la possibilité de lire leurs pensées.

Les sorciers savent que les escrocs ont le sang chaud, et certains d'entre eux n'ont pas une grande maitrise de soi face aux instructions du sorcier.

Dans cette malignité, les sorciers exigent beaucoup plus d'argent afin de refaire les rites précédemment enfreints et vont parfois jusqu'à pousser le bouchon très loin.

Inconvénients

Le côté sombre de cette pratique est pour le tradi-praticien de pactiser avec les esprits déchus. Il passe un accord avec le démon afin de détourner l'homme de sa nature humaine, devenant ainsi l'instigateur du mensonge et des troubles de toutes sortes.

La plupart de leurs actes et des rites qu'ils font subir aux victimes sont loin d'etre compris par l'escroc, ce qui veut dire que ce dernier ou sa descendance devra subir les conséquences de ses actes (la loi du Karma).

L'argent étant au centre de toute cette pratique, certains des rituels effectués dans ce cadre pourraient conduire l'escroc à être possédé par un esprit sans qu'il ne s'en rende compte.

En conséquence, l'argent gagné par ces moyens n'est jamais employé pour des choses profitables, et nous savons tous ce que la possession fait à l'homme. Le possédé est dans un état où il est contrôlé par un esprit malin (parapsychologie, *phénomène mental expliqué par des tendances paranormales*.)

Les sorciers sont également connus pour être des traitres à trois dimensions. C`est à dire qu'ils ne tiennent pas leur parole et offrent leur services au plus offrant.

Il est très simple de comprendre comment cela fonctionne. Le sorcier, avec la complicité d'un des escrocs (419eurs) pourrait décider de se débarrasser de l'un d'entre eux lors des rituels, de manière à garder l'argent pour eux. Ou simplement de lui jeter une malédiction qui conduira à la perte mentale, ou encore de l'utiliser pour des rituels sataniques afin d'atteindre le sommet du succès.

3) L'occultisme

Les adeptes de cette pratique cachent leurs secrets de tous hormis des Sages ou des élus et laissent planer de fausses informations à leur sujet afin de cacher la vérité ou de malmener ceux qui méritent d'être mal informés.

Ceci dans le but de cacher la vérité qu'ils appellent Lumineux ou de les en éloigner le plus loin possible. Encore, ces occultistes pensent que la vérité ne doit pas être connue de tous et ne doit être détenue que par ceux qui le méritent. C'est ainsi qu'ils manipulent des personnes afin qu'elles défendent leur cause.

L'occultisme est le plus haut niveau de la magie et le pire des fétichismes pouvant être utilisé sur un individu. Les occultistes ont le pouvoir d'invoquer, de discuter et de commissionner les esprits maléfiques; c'est de l'ésotérisme pur régi par un individu qui peut être connu sous le nom de 'gourou' ou maître. Les occultistes ont le pouvoir de surveiller ou d'épier la proie à l'aide de la boule de cristal ou du miroir etc... et peuvent également tuer à distance parfois grâce aux effets de la messe noire.

La messe noire est un rituel effectué la plupart du temps le samedi (entre minuit et trois heures) qui symbolise le sixième jour de la semaine, et représente l'un des chiffres du nombre 666 qui est la marque de la bête. Notons que la chèvre, est leur animal fétiche lors des sacrifices. Mais encore, il existe en leur sein une atmosphère de grande frayeur, sans compter la misère et la peur de l'exposition.

Ils sont bien organisés, et chacun de leurs membres a une fonction spécifique. Les occultistes de cet acabit utilisent leurs rituels afin d'influencer tous les secteurs de la vie mais aussi pour leurs intérêts personnels.

Dans leur cercle, ils appliquent la théorie selon laquelle plus vous vous enfoncez, plus cela devient bizarre et juteux. Et dans une philosophie fraternelle, il est souvent dit que seuls les oiseaux du même plumage volent ensemble.

L'occultisme consiste en des engagements importants et qui vont jusqu'à un tête à tête avec le diable. On observe ici des rites de toutes sortes, des pratiques de juju, le fétichisme, les messes noires, l'hypnose, la possession, la divination, la voyance (moyenne) avec la possibilité d'invoquer les esprits païens des eaux , de la terre, de l'air, ou du feu, les esprits des morts, sans oublier les sectes du Nouvel Age et de l'ésotérisme (*intelligence détenue seulement par quelques-uns ou élus*).

Ce domaine est beaucoup plus connu des arnaqueurs ayant une très grande expérience. Plus le monde évolue vers la sensibilisation d'individus contre les pratiques des fraudeurs, mieux ces derniers s'organisent et s'impliquent davantage dans l'adoration de Satan.

En tant que seigneur de la destruction, des

mensonges, des douleurs, du vol et de la mort, Satan se fait un malin plaisir d'accorder du crédit à ce jeu et très peu de nos fraudeurs sont conscients de ce que la nature ne répond qu'a ses propres lois.

Certains des fraudeurs qui ont été en relation avec les officiers de l'État se voient admis dans la secte afin de pouvoir gérer leurs affaires. Ils gagnent ainsi des gros contrats valant des millions de dollars.

Très souvent, ils s'engagent dans des arnaques dont ils sont sûrs du résultat parce qu'ils ont toutes les connections physiques et spirituelles pour atteindre leur victime. 95 pourcent de leurs deals s'avèrent être des succès. Raison pour laquelle l'occultisme est considéré comme la magie d'Etat, car toutes les réponses sont là à temps et de la manière voulue.

Avantages

Le plus grand avantage qu'ont les fraudeurs 419 en faisant usage de l'occultisme est qu'ils savent exactement où ils vont et où ils mettent les pieds. Et d'office, ils savent à 95 pourcent que ce sera un succès étant donné qu'ils détiennent et font usage du plus haut niveau de magie afin d'attirer et de leurrer la victime. La proie est étudiée, épiée et manipulée avec un œil astral.

Les 419ers sont des criminels bien rôdés parce qu'ils font partie de la secte d'Etat et sont de ce fait soutenus par tout le système militaire de la nation.

C'est ainsi que leur fraternité les amène à se protéger les uns les autres lorsque survient une difficulté. Donc l'aide est toujours là quand nécessaire.

Donc, tout escroc reconnu coupable bénéficie toujours d'une condamnation moindre et parfois même d'aucune condamnation de la part de l'autorité, à défaut de convaincre quelqu'un de plonger à sa place en échange de gros versements à sa famille, ou dans des comptes offshores.

Au niveau occulte, beaucoup d'argent rentre en jeu et avec l'utilisation de l'énergie diabolique, la victime est contrôlée corps et esprit, selon le souhait de l'escroc, bref il devient Zombifier. Puisque étant dans un domaine de grande opulence, le fraudeur pourrait très facilement bénéficier de prêts afin de renforcer son clan; étant donné que certains coups ne vont pas sans de gros investissements préalables.

À ce stade, la victime pourrait même être invitée

dans un bâtiment du gouvernement pour mettre la touche finale.

Inconvénients

C'est évident, de telles personnes n'ont aucune paix intérieure et croient en une fausse utopie, qui découle du vol des biens d'autrui. Dès l'instant qu'un psychopathe 419 (*une personne souffrant d'un trouble mental chronique avec un comportement violent et asocial*) s'implique jusqu'à ce point, tout lien avec le fluide céleste est coupé pour toujours.

Leur vie devient une vie de trouble malgré tout l'argent qu'ils pourraient gagner. Leur dieu et seigneur attitré n'est autre que l'occulte guru qui les embobine davantage lorsque surviennent les troubles avec toujours plus de conditions et de rites.

Ils perdent automatiquement la notion de travailleur acharné, ainsi que leur créativité pour devenir des bandits de l'énergie positive des enfants de Dieu, ceci à travers des séductions malignes.

Nous entendons par là la pédophilie (tendance qu'a une personne à être attirée sexuellement par les enfants), car ces personnes se retrouvent à agresser des enfants afin de les déposséder de leur énergie cosmique (se rapportant à l'immortalité et la construction d'un univers qui leur est propre, contrôlé par leur force négative).

Les enfants victimes de tels abus sexuels se retrouvent à vieillir plus rapidement que leurs stades biologiques normaux, puisque le prédateur aspire à plus de gloire avec la jeunesse.

Tous ces comportements sont toujours les causes profondes des malédictions qui s'étendent de génération en génération.

La magie à ce stade est considérée comme un voyage de non-retour, et une fois entré, impossible d'en ressortir. Si ce n'est une intervention divine pour sauver l'enfant terrible en question, la mort reste la seule issue.

Une fois engagée, l'arnaque cybernétique devient une destruction de l'énergie cosmique de la victime, un état d'avilissement, de dépersonnalisation et/ou de perte d'identité où l'être est réduit à l'aliénation.

En un mot, cela est considéré comme un vol organisé, une forme d'implication et d'invitation à toutes tendances paranormales.

Le Feyman est ramené à un état d'avilissement

constant à travers les rites mettant en scène des relations sexuelles avec les animaux (zoophilie), tuant des hommes, invoquant les esprits mauvais, pratiquant la pédophilie, l'homosexualité, tout cela au nom leur théorie bidon.

Le diable s'assure qu'ils sont dans un état de quête constante pour gagner plus, ou dans des complications sans fin avec ce qu'ils possèdent déjà, ce qui conduit à une forme de psychodrame (*mettant en scène des événements de leur passé*).

Certains, y parviennent en vendant le bien-être de leurs enfants, juste pour avoir du succès à tous les niveaux souhaités. C'est pour cette raison que certaines familles ont la richesse, mais aucune paix, ni d'amour; d'autres ont de l'argent, mais les enfants sont tous des vagabonds et certains sont même considérés comme imbéciles (totems mobiles). Tout ceci au de nom de l'argent et des apparences.

D'un point de vue psychanalytique, (système de théorie psychologique et de thérapie qui vise à traiter les troubles mentaux en enquêtant sur l'interaction d'éléments conscients et inconscients de l'esprit et en rapportant les craintes et les conflits refoulés dans l'esprit conscient) ces fraudeurs ne sont conscients de ce dans quoi ils se sont engagés qu'une fois confrontés à des situations insupportables.

Même si au début il semble avantageux d'escroquer des personnes à l'aide d'un gri-gri (mystique), avec le temps, le diable met sur pied beaucoup plus d'obstacles à traverser, amenant parfois ces fraudeurs à se plier davantage au nom des choses sur lesquelles leur vie en dépend.

Ceci pourrait être le meurtre de leur enfant bien-aimé afin d'atteindre des coups valant des millions de dollars, ou d'offrir à manger leur propre fille encore vierge lors d'un rite de messe noire afin de gagner une percée dans le milieu. Ceci est bien au-delà de la manipulation humaine et seul l'esprit de Dieu peut vraiment le repousser.

6 L'occultisme

Yahoo plus

Yahoo plus est l'art d'escroquer les confrères ou les étrangers à l'intérieur et hors des frontières nationales, ceci avec la collaboration des agents de sécurité et des responsables de banques, des organismes locaux et internationaux, et bien sûr l'utilisation de la sorcellerie.

Ralph Waldo Emerson disait: « Society is always taken by surprise at any new example of common sense."

Comme pour dire que la société est toujours prise par surprise à tout nouvel exemple de bon sens. Par conséquent, la Feymania dans son ensemble, est un acte de bon sens qui a vraiment inspiré cette génération cybernétique actuelle.

Comprendre les auteurs de la cybercriminalité et les stratégies qu'ils emploient au Nigeria de nos jours, est l'une des tâches les plus difficiles, car ils se rependent comme le terrorisme, qui est une profession qui n'apparait pas sur le passeport ou la carte d'identité. On estime que 0,8 pour cent de Nigérians sont des escrocs, pourcentage qui évolue au niveau mondial à raison de sept pour cent chaque année.

Dans une telle situation, on peut considérer que la fraude 419 en général et les petits paiements que ces escrocs réclament de manière très subtile aux proies au début de toute arnaque leur ont donné une plateforme d'expression et un moyen de survie.

Une richesse et une élévation prématurée auxquelles ils n'étaient jamais programmés, devenant pour ainsi dire une sorte de psychose cybernétique moderne (forte instabilité mentale).

"Yahoo boys" est le nom ou le code d'identification, attribué aux auteurs de cybercriminalité nigérians, qui sont spécialistes dans divers types d'escroqueries, en particulier celles mettant en scène des grands charmes occultes. Ce nom permet de les distinguer de ceux qui sont encore au niveau du simple intellect.

En ville, ils sont reconnaissables, se baladant dans des voitures flashy avec le volume poussé à fond, la tête et les épaules hautes dans des costumes bien coupés, courtisant toutes les filles à la mode, très fiers d'eux et en bonne compagnie, se vantant haut et fort pour se faire voir de tous.

Ils sont spécialisés dans toutes les formes d'escroqueries en ligne qu'on peut imaginer, partant de l'escroquerie amoureuse au vol d'identité, pour vendre et acheter des articles à travers le monde. Ceci est mis en place avec l'aide de la pratique Voodoo, qui leur permet de posséder l'esprit des victimes et de les contrôler jusqu'à ce que ruine s'en suive.

Certains de ces comportements ou rites para- tele-portables conduisant au contrôle du cerveau, sont entre autres de mettre les pieds sur une tortue quand on parle à la victime en ligne, d'utiliser un mouchoir mystique que l'on dépose sur le clavier, tel que indiqué par le sorcier. Le dernier mais non le moindre est d'utiliser une poupée vaudou ou une statue mystique.

Il s'agit ici d'inscrire le nom de la victime sur un morceau de tissu (rouge en l'occurrence) ensuite de l'envelopper autour de la poupée ou statue mystique et soit de s'asseoir dessus, de poser les pieds sur elle, de poser l'ordinateur portable sur elle ou tout simplement de la renverser et de tremper la tête dans un bol de liquide, très souvent de l'urine ou autre chose etc. Tout ceci dans le but de dominer, de dépersonnaliser, et de désorienter, bien évidemment avec l'appui du démon invoqué.

Prendre le contrôle et mettre sous la domination diabolique à travers la privation, la déviation et une opposition à Dieu, telle est la chose la plus mauvaise et inhumaine à faire sur un autre être humain, car c'est une insulte directe à la création et à l'ensemble du corps céleste.

Pourtant, le plus malicieux reste à venir, c'est à dire les Yahoo Plus Plus, dans un voyage de non-retour plein d'épines qui transpercent l'âme d'angoisses et d'auto-persécutions.

Yahoo plus plus

Pour chaque pas que l'on fait dans le monde occulte, il est plus qu'évident que davantage de bizarreries seront au rendez-vous. C'est la limite de ceux qui sont prêts à relever encore plus de défis nocturnes afin d'atteindre leurs objectifs ambitieux.

Il question ici des sacrifices humains, de l'invocation de l'esprit de la mort et plus encore, de gré ou de force ; l'intelligence de la théorie androgène pure, faite pour transformer les occidentaux en des marionnettes à travers l'anéantissement de leur ignorance et de leur crédibilité.

Les membres de Yahoo plus plus utilisent les parties du corps humain telles que les organes génitaux, les yeux, le cœur et le foie pour fabriquer des charmes puissants ou pour concocter des mets, qu'une fois consommés leur permettra d'avoir des pouvoirs de persuasion pour vaincre les étrangers, de prétendre être n'importe qui. Les politiciens savent mieux de quoi il est question ici. Les fraudeurs transforment leurs victimes en des choses en raison de l'absence de maturité spirituelle qui accorde et invoque l'énergie de protection divine.

Ils effectuent également des gestes tels que avoir des relations sexuelles avec des esprits démoniaques, dormir dans les cimetières, utiliser une partie de leur corps ou celle de leur enfant ou connaissance pour les rituels (le plus souvent, inconsciemment, parce que certains vrais esprits sont cachés en dessous), le port des bagues, les incisions ainsi que l'ingestion d'objets ou d'animaux, etc.

Il existe en effet un niveau plus élevé encore, une manière de cuisiner l'âme, raccourcissant la distance entre l'inconscience et l'enfer.

Ils utilisent des langages codés pour exprimer leurs sentiments, pour faire référence à leurs victimes, aux autres personnes ou aux intérêts.

Les noms les plus employés pour parler des victimes sont MOUGOU, MAGA, Mugun, YEYE etc. qui ont une connotation moqueuse, de souffreteux ou d'imbécile.

La chose la plus drôle dans cet aspect des choses est qu'ils sont jeunes, l'âge variant entre 18 et 29, et se singularisent par un courage téméraire, au point où ils s'initient et pratiquent le niveau le plus élevé de juju419.

Des questions subsistent; est-ce un emploi ou un moyen de survie? Qu'en est-il de la fin mortelle de ces manœuvres?

Sakawa

C'est une philosophie purement ghanéenne qui

attribue à certains jeunes courageux, la capacité de manipuler l'intelligence occulte pour arnaquer les gens à travers internet, sans la moindre difficulté. Elle est devenue une identité ghanéenne unique, reconnue depuis 2007, qui fait parler d'elle à tous les niveaux, sociaux, religieux et médiatiques. C'est une menace pour la prospérité nationale, l'identité et la réputation internationale, étant donné que le monde entier regarde et se lamente.

Sakawa est un nom utilisé pour établir une différence avec les autres sectes, comme Yahoo Plus ou Yahoo Plus Plus, ceci pour montrer jusqu'à quel point leurs âmes ont été déterminées à signer un pacte avec le diable, juste pour combler leurs désirs les plus profonds.

Sakawa est également l'utilisation de pouvoirs occultes pour effectuer des arnaques fructueuses sur Internet, en possédant l'esprit des victimes étrangères, ainsi que des victimes locales si nécessaire. Cette parapsychologie (*phénomènes mentaux qui sont exclus ou inexplicables par la psychologie scientifique orthodoxe*) est bien manifeste pendant les rites d'initiation, à travers le sorcier impliqué, une sorte de pacte de sang, qui devrait être respecté par les deux parties.

C'est une fois de plus la capacité du juju de permettre à ce que l'arnaque cybernétique soit fructueuse, ceci avec l'aide de pouvoirs diaboliques. De telles forces sont engendrées à travers des initiations occultes étranges, ainsi que des pratiques avec l'aide des sorciers et des démons.

Sakawa peut-être omniprésente, tout comme une «épidémie» peut être une cause de peur et parfois de violence.

Ceux qui en font usage ont pour mode de vie des lois et des routines qui tuent. Il est dit que afin d'atteindre le statut de membre de Sakawa, les jeunes âgés entre 17 et 30 ans doivent subir des machinations diaboliques élevées.

Les rituels vont de dormir dans les cimetières, poser des actes cannibales, commettre des meurtres, des enlèvements, des incisions, le viol; faire des jours sans se laver, avoir des relations avec le même sexe, la zoophilie etc.

Ces pratiques renforcent ces derniers (garçons Sakawa) avec des puissances diaboliques afin de spirituellement entrer dans le World Wide Web.

Il est question ici d'une énergie qui donne aux

Sakawa boys la capacité néfaste de posséder l'esprit des victimes partout où le réseau internet est présent et de les dominer et surtout manipuler à leur avantage.

Un jeu spectaculairement "rapide et facile", socialement acceptable dans le milieu où ils évoluent qui leur permet de gagner de l'argent, car tout est mis en place pour y parvenir grâce à l'aide des spiritualistes.

Tout comme le Ghana, l'Afrique dans son ensemble partage l'idée selon laquelle les pouvoirs occultes ou 'juju' ainsi que ses richesses sont toujours engendrés au détriment des âmes les plus faibles, des ignorants, des Mougous ou malchanceux.

Une croyance qui est éventuellement avérée d'un point de vue triangulaire; en particulier lorsque l'on observe le monde d'un coin sombre.

Tout comme les sectes Yahoo, Sakawa est également une entreprise de plusieurs milliards de dollars, quand on prend en compte tous les efforts mis à portée de main pour atteindre cet argent. Ici, il n'y a pas de place pour les erreurs et aucune erreur n'est permise pour la proie ciblée. Notons que ces gars-là sont dispersés à travers le monde et ils ne rentrent au bercail que pour un renouvellement de leur force quand le besoin se fait ressentir.

De toutes les méthodes qu'ils emploient entre autres, l'ingestion des bagues, des poupées, des caméléons, des tortues, conserver les ordinateurs portables dans des pots mystiques pour la nuit, l'une des plus populaires est celle du mouchoir magique. Mouchoir posé sur l'ordinateur portable lorsqu'on chat avec la victime.

Anneaux portés ou manipulés lors de la discussion directe avec la victime étrangère.

Layas (gris-gris) : Attachés à la hanche pour accentuer la possession de la victime. C'est la magie des seigneurs musulmans appelés Mallams, qui font usage des versets du Coran élevés, qu'Allah a minimisé.

Les poupées : l'entourer d'un morceau de tissu rouge sur lequel on a inscrit le nom de la victime. Ensuite, poser l'ordinateur portable sur la poupée tout en bavardant. Renverser la poupée et / ou la faire tremper dans de l'urine, etc. suivie d'incantations.

Transmutations : Possibilité de se transformer en une bête ou quoi que ce soit imaginé. Déplacer ensuite son esprit vers l'espace de la victime afin de contrôler l'esprit de celle-ci et posséder la personne en permanence. La victime se perd instantanément et est coupée de toute pensée logique.

Animaux (caméléons, tortues, etc.) : ils sont soit avalés, ou manipulés au cours de l'arnaque. Ils posent parfois leurs deux pieds ou un seul sur l'animal en question tandis que le processus se poursuit, parlant des arnaqueurs.

Fille vierge: Qui est tuée et préparée pour nourrir l'esprit de tous les succès à tous les prix. Sa pureté est un moyen parfait pour atteindre la victime par tous les moyens nécessaires.

Ce sont des procédures qui permettent aux arnaqueurs de couper la victime de la normalité, de l'aliéner par le biais de multiples identités sur internet.

Yahoo girls (pratiques douces et cruelles)
Le fait d'escroquer ou arnaqué financièrement et émotionnellement les étrangers sur internet grâce à

l'usage de « joujou » et de l'intelligence occulte du zoomorphisme (représenter des dieux sous forme animale) ne s'est pas seulement limité aux arnaqueurs nigérians et au reste du réseau Ouest africain. Les filles ont également été actives dans le réseau.

Ces filles ont été couronnées comme les Yahoo Girls, et sont bien connues au Nigeria pour leur affiliation aux mouvements sataniques responsables des possessions et des réseaux criminels de toutes sortes, que ce soit la prostitution, le trafic de drogue, les enlèvements. Il y a pire, si l'on compare le type de pacte qu'elles signent avec le diable, quand on sait que l'anatomie féminine est bien plus juteuse au diable que celle de l'homme.

Ces filles sont âgées de 17 ans à l'infini et ne sont pas nécessairement issues de familles pauvres.

Parfois même, elles sont de parents bien placés dans la société, des hommes affaires.

Cette notion à elle seule donne à ces jeunes filles de familles riches, le courage de le faire, parce qu'elles croient et savent que leur père interviendra toujours en leur faveur si un problème se pose ou si l'EFCC (Commission nigériane de criminalité, d économique et de finance) ose les attraper.

On les retrouve principalement dans tous les secteurs où les universités publiques et privées sont situées.

Une poignée de filles autour d'elles rêvent et souhaitent être à leur place, c'est ainsi qu'elles sont joyeusement initiées ou utilisées comme agneau sacrificiel pour renforcer leur détermination au succès dans l'industrie de l'arnaque.

Aucun doute que les cas de disparition humaine sont devenus si répandus dans le monde. Ce n'est donc pas un hasard si le trafic d'êtres humains est devenu l'une des entreprises les plus lucratives de nos jours.

Tout comme les garçons, les filles se déplacent ensemble, se pavanent dans les voitures flashy, et vivent dans des maisons somptueuses, afin de se différencier des autres.

En tant que femmes, elles ont l'art d'établir des connexions avec les hommes bien placés dans la société. Le meilleur moyen de toujours garder ces hommes sous leur emprise c'est à travers les plus anciennes et les plus populaires des tactiques appelées luxure et paraphilie (état caractérisé par des désirs sexuels anormaux impliquant des activités extrêmes ou dangereuses). Et aussi longtemps que la passion va continuer à enflammer le cœur des arnaqueuses, ce stratagème va fonctionner.

Certaines arnaqueuses expérimentées en ont fait leur propre réseau qu'elles dirigent et ont des jeunes filles formées et programmées pour arnaquer pour elles.

Ces femmes leur font jurer sur certains totems ou des objets à haute valeur spirituelle, afin d'avoir le contrôle sur la loyauté des filles (contrôle de l'intellect et de l'esprit). Ces femmes sont toujours considérées comme des mères aimantes et attentives qui viennent à leur secours quand besoin est.

Ces femmes rodées dans l'art de l'arnaque sont toujours très discrètes et ont des liens avec les gros poissons et les icones de la société, bien qu'ayant des activités secondaires qui leur permettent d'être irréprochables aux yeux du public.

L'une de leurs affaires juteuses est de posséder des hôtels, après quoi elles peuvent manigancer et échafauder leurs plans et activités néfastes loin des regards indiscrets.

L'activité occulte des Yahoo girls s'étend sur deux dimensions, à savoir la version douce et celle qui implique de verser du sang.

Le doux (Yahoo Plus)

C'est le type de pratique la moins approfondie utilisée par les arnaqueuses qui leur permet d'achever leur course dans la sorcellerie simple.

C'est à dire qu'il n y a aucun intérêt à tuer un être humain afin de renforcer les avantages de la cybercriminalité.

Leurs armes pour le contrôle de l'esprit sont entre autres l'usage de charmes, anneaux magiques, potions. Ils proviennent particulièrement de Mallams réputés, qui préparent des décoctions avec des liquides mystiques transformés en écrits islamiques sur leur ardoise et recueillis ensuite dans un bol une fois que certains versets diaboliques ont étés prononcés.

Un fétichisme tordu qui est une insulte à Allah qui l'interdit formellement.

C'est aussi l'un des moyens par lequel la secte islamique Boko Haram initie les membres à son groupe, et une fois que l'on consomme cette liqueur, quelque chose d'autre prend control de nous et nous devenons courageux et sans limites.

Chaque fois qu'une attaque est à portée de main, on est comme renouvelé au moyen de gouttes orales, raison pour laquelle le courage de telles personnes est toujours compréhensible aux yeux de beaucoup.

Ces filles vont jusqu' à intimider des soldats bien entrainés et expérimentés sur qui repose l'espoir et la sécurité intérieure de leur nation. Et même lorsqu'elles sont tuées, l'esprit qui leur donne cette force quitte leur corps et ère à la recherche d'un être peureux en qui s'établir. C'est pourquoi il nous est demandé de méditer sans relâche dans tous nos efforts.

Les Yahoo girls sont impliquées dans pratiquement toutes les typologies d'escroqueries relatives à la fraude 419 ou plus, et de très bons criminels pour appâter la victime. Ces derniers sont aussi indispensables aux 419eurs, que sont les filles arnaqueuses pour apporter les finitions dans une grosse affaire à portée de main. Ces filles sont également très bonnes dans les escroqueries amoureuses.

Elles mettent sur pied des arnaques sentimentales ouvertes, c'est à dire qu'elles entrent en contact avec qui que ce soit de manière formelle sur n'importe quel site de rencontre que ce soit payable ou non, entretiennent une vraie relation via des vidéos chats, des emails, des appels téléphoniques ou sur tout forum qui les maintient en contact sentimental.

En un mot, tout semble parfait une fois que la confiance est établie, tandis qu'au niveau purement psychiatrique, l'esprit de la victime est déjà captivé et rangé dans leur quartier général ceci grâce à l'aspiration astrale lors des rituels bien calculés. Un pareil acte ne requiert que la grâce de Dieu pour être découvert, lorsque la victime agit comme elle veut, pense comme elle veut, au point de devenir obséquieuse (obéissant ou attentif à un degré excessif ou servile).

De ce fait, la proie pourrait être sujette à de l'érotisme persistant dans les rêves, ce qui pourrait conduire à la possession démoniaque et à diverses para-normalités.

Visiblement, on respire la santé, mais financièrement, moralement et spirituellement, l'on est mortellement chamboulé en continuant de jouer le fort.

La sorcellerie commence réellement à partir d'images, des véritables noms échangés ainsi que d'expositions de nudités via le webcam. Car il faudrait un point de contact qui requiert l'hypno-magnétisme, très souvent à travers la faiblesse de l'homme qui est la proie.

Cela ne pourrait être combattu naturellement, mais sous forme spirituelle, car nombreux en ont été atteint et ont besoin d'assistance. Internet n'est pas ce que la plupart des gens pensent; nous devons être très prudent avec qui nous parlons, rions et partageons nos points communs, car tellement de choses sont faites en cachette dans le monde d'aujourd'hui.

L'arnaque sentimentale voilée est la plus populaire et bien connue, car ici tout est contraire à l'éthique, avec de faux profiles, faux nom, fausse nationalité et d'années de naissance, fausses photos, faux accent, fausse race et faux sexe. De nombreuses personnes ne comprennent pas qu'une poignée de correspondances dans l'industrie 419, sont toujours loin d'être d'une personne du sexe opposé, avec qui elles croient entretenir une liaison en ligne.

De nombreuses arnaqueuses évitent les chats vidéo qui conduisent à l'exhibition sexuelle, etc. L'augmentation croissante d'arnaqueuses 419 usant de la sorcellerie a rendu la tâche trop facile d'explorer la vulnérabilité humaine.

Les effusions de sang (Yahoo Plus Plus)
Il est question ici des Yahoo girls d'un niveau supérieur. Elles sont véritablement les princesses de l'industrie de l'arnaque. Elles ont la même force et la même audace que les garçons du milieu.

Elles ont vendu leur âme au diable sciemment et sont fières de vivre avec cette idée. A ce stade, les Yahoo girls sont normalement supposées être les plus riches du réseau, parce que tous leurs efforts dans le domaine 419 n'échouent jamais.

Elles pratiquent la plupart de leurs rituels pour posséder les victimes étrangères avec sagesse, tact et succès. En effet, elles s'y connaissent dans ces vices-là.

Ces filles trainent derrière elles une réputation dans les sacrifices humains, le cannibalisme, les rituels de sang, la transmutation, la zoophilie, les assassinats de leurs proches, amis et/ou la vente de leur bienheureux-droit de se marier, d'avoir des enfants.

Tout ceci pour la commutation diabolique à entretenir les relations amoureuses avec les personnes du même sexe, les maris spirituels(maris de nuit), dans le but de renforcer leur énergie cosmique négative au magnétisme, à la domination soumise et à la possession des victimes étrangère ou locales. En un mot, elles deviennent des sorcières de haut niveau.

Elles ont à faire à toutes les formes de mysticisme caractérisant le succès à tout prix. A vue d'œil, elles sont très ordinaires, belles, intelligentes et très dangereuses, faisant un usage mortel de toutes les formes de point de contact dont elles peuvent profiter.

Ces filles sont également en relation avec tous les criminels les plus meurtriers de la ville. On n'a qu'à les voir dans les fêtes ou dans leurs somptueuses réunions, c'est tout juste abominable ! Elles font bouger la ville et comprennent mieux que personne la fine limite qui existe entre la vie et la mort.

Un exemple de rite saisissant et ostentatoire à ce niveau est le rituel d'une chèvre. Ce rituel dépend du sorcier et du démon ou des démons impliqués. Il est toujours effectué un samedi, le sixième jour de la semaine qui représente le 6ème numéro qui compose les 3 chiffres de la marque de la bête 666.

Le samedi est donc par excellence un jour diabolique ; le mois qui a pour signe astrologique Capricorne est le mois durant lequel se tiennent la majorité des rituels. Ceci explique mieux pourquoi durant ce mois, la plupart du ritualisme se fait autour du globe.

Mais en raison du fait que beaucoup de gens se sont rendus compte de l'augmentation des faits paranormaux à cette période de l'année, certains d'entre eux ont maintenant la permission d'effectuer leurs rituels de sang avant ou après ce mois, et même pendant l'année.

Le rituel qui s'effectue avec une chèvre, le plus souvent représente la cible, c'est-à-dire la proie présentée par l'arnaqueuse qui est prête à extraire son argent si durement gagné à l'aide d'une maniabilité diabolique.

Cela s'appelle également la messe noire, l'un des

plus grands rites satanistes dans le monde. Celui qui préside la séance prend n'importe quel objet que ce soit une photo, les noms ou l'adresse de l'étranger en question fournie par le 419eur et / ou invoque la personne à apparaître à travers une calebasse ou tout autre objet. En bref, tout ce qui permet un contact direct avec la victime, puis dit des incantations suivies par des prières diaboliques.

La victime pourrait mourir si elle ne veut pas coopérer, ou mourir après la coopération, développer une crise d'épilepsie, de nuisance psychologique, ou simplement donner et redonner de l'argent sans aucune question au récepteur.

Tuer la bête et répandre le sang sur les objets de la proie donne ainsi un magnétisme direct à la personne. Cette messe n'est rien d'autre qu'un marché de dupes, où l'on convertit ce qui est correct en ce qui ne l'est pas.

7 Un Regard Profond Sur Les Manifestations Des Rituels

Premièrement, nous devons tous comprendre que l'art de la spiritualité n'est pas une affaire de tribu, de village, de région, de race, de nation ou de continent. Nous, comme tout être vivant et non-vivant sommes tous sous forme d'esprit, ramenés à la forme matérielle par le créateur qui est l'alpha et l'oméga de la spiritualité. La spiritualité ne connait aucune forme de distance, et les limites sont plus accessibles par un simple zèle du savoir-faire.

Le monde est une antiquité autour de laquelle toutes les formes de gesticulations tournent, spécifié par une force qui prend son origine au centre cosmique magnétique, où la volonté de Dieu est connue. C'est un niveau qui définit la grandeur et la puissance de l'Eternel (Dieu). Cette énergie nous permet d'être connectés à la vie et à Dieu. L'énergie est une composition qui comporte entre toute autre chose l'esprit de Dieu. Théologiquement, nous admettons que le Tout-Puissant est partout, voit tout, sait tout et agit quand il le faut, et par sa volonté, tout le monde devrait venir à lui pour toute quête et pour la rédemption. Ceci par le pouvoir direct de la cosmologie atteint à travers la pratique de la vraie spiritualité.

Personne dans ce monde qui a existé ou existe encore, ne peut revendiquer le monopole de la spiritualité et le pouvoir d'attraction. Aussi longtemps que nous sommes des êtres terrestres, nous avons le droit de pratiquer la spiritualité, et ainsi ce pouvoir est étendu à qui ou quoi le veut. Croyons-le ou non, c'est vrai.

Car en chaque être humain repose l'énergie positive, qui peut être développée à divers niveaux d'élévation, dans l'attente de la volonté de tuer le moi mortel pour son bien (abstinence, jeune...).

C'est la montée vers la pureté psychique conduisant aux péchés ancestraux, parentaux et propres chassés du corps. Ce qui nous permet d'atteindre le niveau illuminé requit, nous accordant ainsi la présence de Dieu et le feu divin.

Une fois de plus, cette énergie cosmique est celle du créateur, que l'on trouve partout sur cette terre, et qui fait de l'Éternel l'omniprésent, l'omniscient; c'est le feu dévorant qui détruit toute affiliation avec le mal dans nos vies, lorsqu'on l'appelle. C'est de ce même feu dont les victimes des 419 ont besoin pour nettoyer leur âme de la pagaille provoquée par la théorie cupide des 419 et même dans la leurs (419eurs) propre afin de se débarrasser de toute emprise satanique dans leur vie quotidienne.

Avec un regard poussé, on se rend bien compte qu'aucune entité de quelque ordre que ce soit ne devrait revendiquer ou soutenir qu'elle possède la connaissance et peut la vendre à d'autres. Sur ce point, la philosophie ne se trouve que dans leur école de pensée et/ou ils sont maître de l'ésotérisme.

On est tenté de dire n'importe quoi, car tout ce qu'ils font c'est de vendre l'impression. C'est seulement ce qui n'est pas de l'Eternel qui peut se faire manipulé, ou être bourré d'énergie négative, qui est le magnétisme qui oppose l'opposé. Ce concept est humain et perverti, et d'un mécanisme destructeur.

Une victime de l'arnaque mystique 419 peut tout aussi bien développer son énergie pour contrer ces forces, si seulement si elle est bien orientée par les voies divines. De même, une personne ayant une grande élévation cosmique ne peut pas être facilement altérée spirituellement.

Car étant en alerte, une guerre spirituelle va inévitablement éclater, ce qui va conduire à la chute d'une âme ou à sa disparition avec de lourds points comme conséquences du KO. Dépendant bien évidemment du degré de chaque force et de sa cosmologie, c'est-à-dire opposant l'opposé une fois de plus.

Par conséquent certains ne sont pas nés pour être des seigneurs spirituels et les autres pas, les opportunités sont égales et libres pour tous, puisque nous sommes tous égaux devant la loi de la nature. Quelqu'un peut cultiver sa propre élévation comparée à celle d'une autre personne, mais cela ne signifie pas qu'il est seul à en détenir le savoir-faire.

Après avoir éclairci ce fait, nous devrons naviguer librement entre les manifestations cachées et sombres des rituels des arnaqueurs 419. Ce qui se passe réellement dans le domaine rituel est maintenant notre préoccupation générale.

Etant le principal moteur derrière le complot infâme, ceci ouvre le chemin vers la proie. C'est la dimension qui mène au renforcement, à chaque demande, des auteurs de cybercriminalité.

Ce rythme qui exige la présence d'un démon, d'un sorcier et d'un arnaqueur. Trio bien armé pour la télépathie (*la supposée communication de pensées par des moyens autres que les sens connus*), et pour la méthodologie de déshumanisation.

Cette cérémonie rituelle n'est rien d'autre que l'émancipation de l'aura négative, ou l'énergie cosmique négative à leur fluide astral (couloir), téléguidé par le démon impliqué ou commandé, pour renforcer la mission assignée.

En d'autres termes, c'est une requête téléportée par un démon qui peut être subalterne et / ou par lui-même (démon principal) à travers l'énergie cosmique négative pour affecter la personne ciblée.

La théorie de la réalisation se fait en trois étapes. La télépathie, par l'intermédiaire des Para-flashes, qui est l'acte de recevoir les flashes en possession, notamment via les rêves etc. La seconde forme télépathique est la Para-téléportation d'un esprit à la victime ou vice-versa, pour la commande en plus du contrôle. Et la troisième et dernière méthode est la présence physique du 419eur auprès de la victime, en utilisant son intelligence mystique à travers la manipulation de toutes les formes de contacts corporels.

Comme résultat évident, la victime perd toutes connexions avec la réalité, tombe malade, se suicide, perd la raison, parle seule et gesticule au-delà des limites. Parce que des démons fantastiques ou un démon tout court a été désigné pour suivre et nuire à la victime en permanence. C'est une opération au-delà de la manipulation humaine.

A ce stade, la victime est souillée de crasse, ce qu'on pourrait appeler Hypno-magnétisme. C'est le point culminant que l'arnaqueur apprécie le plus, où le nom Mougou devient une jubilation et une raison d'être.

La plupart des 419eurs ne savent même pas vraiment et ne se soucient pas de savoir comment l'émulation de leur succès survient.

Les arnaqueuses sont étiquetées dans une béatitude négative, une philosophie qui n'est à l'origine pas acceptée dans le cercle de la morale.

Ils ne sont pas moins conscients de la destruction qu'ils infligent à leur propre personne et à l'homme, leur voisin immédiat.

Tout dans leur esprit est de gagner de l'argent, en utilisant la formule d'en faire et d'en refaire, par l'intermédiaire de leurs tours de mouchoirs, d'anneaux, de dormir dans des cercueils etc.

A partir de ce moment, les 419ers deviennent les enfants de Satan et Satan, leur nouveau père.

Ce monde n'est pas vraiment ce que la plupart des gens pensent. Les démons se sont eux-mêmes détachés de l'enfer pour vivre avec les humains sur la terre. La nature matérialiste de l'homme les a aidés à s'ancrer davantage dans leurs vies, raison pour laquelle le monde est pourri et personne ne s'en soucie.

Et maintenant on se demande, que remporterait un homme à gagner tout l'argent à travers internet et de finir par perdre son âme?

7 Les Effets Mortels Sur Les Victimes

Il n'y a aucune ombre et aucun doute que toute rencontre avec l'esprit d'un individu laisse inévitablement une marque indélébile sur l'esprit de la personne. L'aura, la supposée émanation entourant le corps de toute créature vivante est littéralement abusée. Un affront rencontré dans les deux camps, notamment celui de l'acteur et de la victime.

C'est ainsi que la proie est souillée depuis le moi originel et a besoin par tous les moyens d'une autre forme de purification spirituelle, nettoyage, parfois dépendant du degré de sorcellerie utilisé sur la personne ou du nombre de 419eurs qui s'en sont pris à cette même personne.

C'est un acte d'hostilité profonde, de cruauté et

de haine orchestré à l'encontre d'une âme innocente s'il les. L'arnaqueur est initialement et volontairement coupé de la réalité, et chemin faisant il devient sujet à la souillure, par conséquent une âme impure.

I. La frustration

Le but des 419eurs, est de nuire à toute personne, à leurs avantages; ils ne se soucient pas de ce que vous décédez ou vivez après le chamboulement de votre esprit. Ils sont méchants et ont accepté la méchanceté de la nature sur eux. Les esprits non conventionnels, parlant des sorciers, manigancent avec les seigneurs et les stratégies de démons pour que tout se passe comme prévu.

Leur zèle se répand sur leur doctrine, et les victimes sont entrainées vers leur abîme de malheur où le mot d'ordre est d'utiliser la docilité et la subtilité pour tromper et manipuler.

II. Les dettes

Le premier effet mortel visible, dont on peut en témoigner est le vide total de fond financier. La personne est soumise à un don inconscient et perpétuel de tout ce qu'elle a, qu'il s'agisse des économies de toute une vie ou la vente d'actions pour répondre cet appel financier.

Le cybercriminel s'assure que la vraie joie n'existe plus dans le système harmonieux de la proie. Cette dernière est coupée de la réalité, étant manipulée par les agents du diable dont les services ont été requis par l'arnaqueur qui ne recule devant rien pour atteindre les dollars.

III. La mort

Lorsqu'un escroc requiert la sorcellerie ou l'administration vaudou sur une victime, il fait apparaître une fausse image généralement bien loin de la vérité. Et quand de tels mensonges s'immiscent dans les finances, l'effet d'un tel choc peut conduire à la mort prématurée. Et parce que l'intensité de cette peine sera trop lourde pour certains de supporter, le suicide sera la plus simple option pour rompre avec la vie.

Comme les démons sont bons dans l'envoutement et détournent les choses de leur réalité, imaginons quelqu'un qui a des enfants en bas âge, qu'adviendra-t-il de ces derniers si leur gagne-pain décède d'une mort prématurée ?

IV. La confusion

La victime entre dans une phase de traumatisme

spectaculaire puisque les nœuds liés autour de lui par l'arnaqueur et son groupe de sorciers, se font toujours avec des incantations, des mots dits, écrits ou faits sur l'esprit des victimes, ou qu'elles se trouvent dans le monde entier. À tel point que la proie devient un être complètement confus qui croit être encore libre d'agir à sa guise.

Les cas traumatiques conduisant à un traitement psychiatrique (l'étude et le traitement de la maladie mentale, des troubles émotionnels, et d'un comportement anormal); ne reçoivent que des calmants et jamais la guérison complète, étant des cas spirituels ayant besoin de délivrance spirituelle et de prières.

V. La revanche

Quand la douleur devient trop importante, c'est ainsi que la nécessité de trouver immédiatement une solution devient imminente. D'un côté, les victimes ont du mal à digérer la complicité qui existe entre les 419eurs et les sorciers et de l'autre, celle avec les démons rejetés par Dieu, si et si seulement ces dernières sont conscientes des trois acteurs impliqués dans leur ruine.

Cette vengeance peut prendre de nombreuses formes selon les moyens et la capacité à la faire.

Certaines victimes peuvent s'en prendre à n'importe quel citoyen du pays d'où provient l'envoûtement; d'autres iront jusqu'à attaquer l'ambassade des arnaqueurs en question ou auront une haine contre les êtres humains en général.

VI. La haine (les rancunes)

Les illusions (fausse ou irréelle perception), les prestidigitations (manigances réalisées comme divertissement), le charlatanisme (prétendre faussement avoir une connaissance ou une compétence particulière) tous basés sur le fait que les yeux peuvent être dupés où beaucoup d'intérêt est accordé à ce qui est vu plutôt qu'à une valeur.

Cette subtilité de l'arnaqueur apporte beaucoup de rancunes parmi les ressortissants de pays différents envers un pays particulier. Les gens deviennent très vigilant, même là où il n'y a aucun risque, ce qui terni l'image de tout un pays ou d'une race.

VII. Les désunions familiales

La divination (*c'est la malicieuse pratique de deviner ou de rechercher la connaissance par des moyens surnaturels), la voyance (censée être en mesure de prévoir l'avenir*) et la magie sont quelques-uns des moyens pernicieux dont font usage les arnaqueurs récents pour bloquer l'intégrité physique de la victime pendant le moment où elle est sous leur emprise. La proie (victime) devient une marionnette, qui fait la sourde oreille si un ami ou un membre de sa famille ose essayer de la ramener à la raison.

La victime est affligée par les ravages et tourments de toutes sortes, jusqu'à ce qu'elle soit abandonnée quand on n'a plus besoin d'elle. Une fois qu'elle a repris conscience, son intégrité est endommagée pour de bon. Qu'on le veuille ou non, la marque reste dans l'esprit des gens puisqu'ils vont en parler en présence de la victime ou non, même si ce sont des sympathies prétentieuses qui s'avèrent être des affronts de toutes sortes, supportées par une seule personne dans les moments difficiles.

VIII. Les maladies soudaines

La victime est catapultée dans un état de santé fragile. Elle devient accessible à toutes sortes de malaise pouvant conduire à une paralysie partielle, un AVC, une crise cardiaque ou un effondrement cérébral.

Comme l'éclat était trop pour être vrai, renforcée notamment par l'influence maléfique des 419ers, lorsque les tactiques usuelles n'avaient plus d'effet.

Ainsi, l'approche des membres de la famille et des amis peut également contribuer à rendre cette situation pire dans cette ère de la victimologie, n'offrant pour ainsi dire aucun espoir de vie mais mettant en effet sa santé en danger.

Mais encore, certains des esprits invoqués sur certaines personnes sont trop dangereux ; ils laissent immédiatement des traces même sur leurs corps, qui se transforment en cancer, problèmes rénaux, problèmes cardiaques ou des maladies n'ayant aucune nature ou de contrôle médical.

IX. La honte

Le plan de Satan est de déshumaniser les ferventes créatures de Dieu, d'un niveau prestigieux à un niveau zéro. Ceci part d'un côté, de l'alliance faite par les sorciers (sorcier) et le démon (représentant Lucifer, Belzébuth, Astaroth) et les 419eurs de l'autre côté. La victime se retrouve piégée dans sa propre honte tant à l'intérieur qu'à l'extérieur, dans une infériorité qui insulte son niveau d'éducation et le bon sens.

Cela devient un témoignage avec lequel il doit vivre tout au long de sa vie. Avec bien sûr des visages toujours prêts à dire, nous connaissons ton histoire, une bien drôle d'histoire !

C'est la raison pour laquelle la plupart des victimes ne signalent leurs cas, par crainte de perdre leur fierté ou pire encore, que cela soit ressenti par les étrangers.

X. Le prétexte

Chaque fois qu'il y a la honte, on fait semblant que tout va bien. Pendant que les arnaqueurs se prélassent dans la jouissance de leur succès, il n'y a rien de bon à dire de la victime.

Dans le pire des cas, la proie est prise dans une situation qui répond à la théorie seul Dieu-peut-m 'aider. Étymologiquement, la pratique Voodoo sur les humains est un acte qui se fait avec beaucoup de facilité et de subtilité, faisant bon usage de la peur de l'homme, de son innocence et de sa fragilité.

XI. Le stress diplomatique

A ce niveau, les effets non mesurés provoquent énormément de stress diplomatique au monde. La limitation d'immigration dans les pays concernés devient inexplicablement élevée, avec peu ou aucun bon motif de refus de visa, qu'il s'agisse de visa d'immigration ou non.

Le frère, la sœur ou tout autre parent d'une victime ou même la victime elle-même, peuvent s'avérer cruelles dans des situations impliquant les organismes étrangers de ce calibre car les émotions peuvent prendre le dessus.

XII. Perte de confiance

De manière inévitable, cette idéologie a voyagé dans les esprits, idéologie à laquelle les jeunes se sont donnés, à cause de la fausse richesse qu'ils acquièrent. Dans une méthode rapide et brutale, ils s'évertuent à créer davantage de pièges mortels, que les gains présumés.

Ces 419eurs deviennent des maniaques de louanges sataniques typiques, séduisant des victimes étrangères et complètement déconnectées des réalités de leur milieu. Ceci est particulièrement apparent aux plus hauts niveaux économiques où les appauvrissements et le manque de confiance sont devenus un facteur prédominant.

XIII. Traumatisme spirituel

Ce qui rend ce jeu d'illusions et de duperie le moteur du traumatisme spirituel, est que le secret est gardé bien loin de la proie jusqu'à ce qu'elle soit visée, jusqu'à ce qu'une autre personne en soit victime. Le but étant de maintenir le statu quo et le respect de tous les anciens et nouveaux spectateurs.

Et de ce fait, cela met pour ainsi dire beaucoup d'effets spirituels des deux côtés, de celui de la victime et sur l'environnement immédiat, où les douleurs profondes sont partagées à tous les niveaux, avec un traumatisme consécutif.

8 Les Risques Encourus Dans La Pratique Mystique Du 419

La capacité d'entreprendre n'est pas toujours un don chez certains sorciers et de même que l'initiation des arnaqueurs. C'est ainsi que certains problèmes pourraient survenir à ce moment, conduisant à des désastres humains immédiats.

L'utilisation des pouvoirs verticaux, notamment ceux de l'homme et du démon sont toujours générés avec beaucoup de conditions ; l'assurance étant qu'à la fin cela n'atteindra jamais la hauteur de Dieu à faire des merveilles éternelles.

✱ La perte complète de l'influence naturelle

La première chose qui est faite à l'amorce de l'initiation c'est la déconnexion de la réalité humaine. Et lorsque celle-ci déraille, l'arnaqueur demeure déconnecté de la nature humaine par excellence. L'arnaqueur devient un adepte au phénomène de mensonge dans une perte complète de l'influence naturelle.

Toute son évolution est réalisée avec l'implication d'un ou des démons particuliers, agissant comme la divinité qui décide du sort des réussites et des échecs.

✺ Disparition matérielle

Le démon pourrait décider de ne pas agir ou d'agir plus que ce qui avait été demandé. Cela se voit parfois lorsqu'un groupe de 419eurs décidés vont faire initier, disons cinq d'entre eux ; mais alors seulement trois réussissent à accéder à l'avantage occulte, laissant les deux autres morts dans le sanctuaire.

Le démon est toujours le patron dans ce jeu d'initiation a trois et peut changer les règles en plein milieu de l'initiation, et personne ne s'y opposera. C'est à travers le rituel qui impose de dormir dans des cercueils pendant un temps prolongé, présidé par le seigneur de la sorcellerie que l'initié en ressort en tant que nouvel être, avec toute la force hypnotique, de faire pleuvoir des proies dans le jeu de la cyber fraude.

⚜ La folie

Les sorciers et les démons sont de véritables hommes de main qui trouvent leurs chemins dans la désobéissance des Saintes Écritures. L'ordre du jour est de vendre des impressions ou des supposées bénédictions au prix d'une courte durée de vie. Dès l'instant où une personne ou un arnaqueur est un agent du diable, les comportements cités plus haut deviennent caractéristiques d'une folie à moitié.

Les arnaqueurs font les choses en dehors du temps et de l'espace, en dehors des normes, tout comme les anges condamnés ; en un mot, ils deviennent leurs enfants, les aidants dans la destruction du monde.

Une ruse, dont la plupart des arnaqueurs impliqués dans la sorcellerie ne comprennent pas vraiment, jusqu'à ce qu'ils soient bloqués.

⚜ Les maladies inexplicables

La souillure de leurs esprits, parlant des arnaqueurs, par l'amour des richesses étrangères apporte le risque que ces derniers soient touchés d'une manière ou d'une autre par le démon et le sorcier. Ils deviennent pour ainsi dire leurs seigneurs à tous les niveaux et une autre forme d'arnaque se met en place de leur fait.

Le démon peut aller le plus loin possible en rendant les choses difficiles pour l'arnaqueur, après lui avoir accordé le succès le plus complet après que l'initiation et les rites aient été faits.

Ceci dans le but de le forcer à retourner au sanctuaire pour un renouvellement quand le goût pour le sang augmente. Car la mission ici est la destruction, qu'il se fasse blessé ici ou pas.

À ce stade, se trouve la ruse implicite qui le soumet à d'autres formes de rituels, afin de renforcer son statut de succès. Si le 419er refuse ou montre des signes de refus, il est aussitôt mis en garde par des attaques imminentes et pourquoi pas une maladie.

✤ La possession

Le premier déraillement dans le processus d'initiation est la possession imminente par le démon. L'arnaqueur se trouve uni spirituellement à la fausse énergie. Le point de contact devient inévitable, puisque les démons agissent maintenant comme la seule cause de ses succès et échecs.

Le plus souvent le 419eur ne connait pas ces

nouveaux statuts jusqu'à ce qu'il rentre en contact avec la guérison divine résultant d'un exorcisme.

Ou commence alors à se sentir dans un étrange phénomène de type paranormal, comme se voir en rêve en train d'entretenir des relations sexuelles avec des animaux, manger avec des morts, criant dans la nuit, volant, ou recevant les visites physiques des démons.

En fin de compte, c'est un acte de sous hommes, une simple définition qu'on peut donner du mot. Ces hommes manquent la chose qui les qualifie de mentalement dérangés en société.

⚜ Aucune paix

Certains aspects tordus dans ce domaine vont avec la jalousie non déclarée. Les auteurs sont toujours plongés dans une rage peu ordinaire.

La raison est que la paix d'esprit et d'âme est totalement nulle en eux, car ils sont couverts d'un parapluie diabolique, bien étudié par les tradi-praticiens. Les arnaqueurs ne vivent que l'instant, chérissent ses fantaisies, le tout dans le langage codé d'ignobilités.

Le démon donateur des avantages, veille à ce que

le bonheur venant de lui ne dépasse pas sa nature de destructeur et de rebelle à l'amélioration de l'homme.

La victime aussi est dans l'incapacité d'entretenir des discours de paix, elle est ensorcelée à des degrés élevés.

Elle est poussée vers un état ambivalent d'acceptation et de refus; caractérisé comme terrorisme et affectant la vie autour d'elles.

❋ Trafic d'êtres humains

Certains disent que sur la terre, tout est possible selon notre capacité à plonger. D'autres disent par contre qu'il n'y a pas de repas gratuit; tout est basé sur la théorie du donner et du recevoir.

Dans leur langage codé, existe toujours ce besoin d'aller vers le diable pour passer un accord diabolique.

Tant que l'envie du pouvoir, de l'immortalité, de l'amour et de la richesse sans labeur augmente, la valeur de l'être humain et ses limitations va en s'amenuisant.

En conséquence, le trafic humain devient un

commerce normal pour atteindre certains débordements (défis) et satisfaire son égo.

⚜ Les rituels sanguinaires

Une fois au niveau où l'on accepte le trafic d'êtres humains comme étant un commerce pour parvenir au succès, la peur du sang humain devient une simple illusion. Le meurtre, la mort, le cannibalisme deviennent une porte ouverte qui convient à l'arnaqueur et terrorise les masses.

Par ignorance, ils ont des comportements beaucoup plus lourds que ce qu'ils ne peuvent supporter ; raison pour laquelle très peu ont réussi à atteindre le genre de bonheur qu'ils espéraient par la sorcellerie.

Parce que ce n'est que Dieu seul qui donne le genre de bonheur et de richesse dont on rêve tant. Étant si faible, on est parrainé par un fluide divin qui agit en permanence comme le cordon ombilical de l'homme.

Pourtant, la patience et la pénitence requise ou l'acceptation de soi deviennent un cauchemar et un tabou.

⚜ La vie conditionnée

Les arnaqueurs sont appelés à avoir un mode de vie conditionnée qui a commencé dès l'accord du sorcier et du démon à la fois dans l'esprit et les actes.

À certains moments, à la remarque de ceux qui ont la vigilance et les yeux pour voir à travers la nature de l'homme, ils commencent littéralement à vivre dans la peur d'être découverts ou repérés. En d'autres termes, ils vivent dans la servitude, en cachette, servant l'enfer avant d'y être.

Une telle condition devient de trop pour l'arnaqueur qui serait à même de formuler de fausses accusations, de causer la peur, la maladie, la calomnie, etc. juste dans le but de garder leur vie cachée.

⚜ La malédiction générationnelle

Les pratiques noires n'apportent que troubles et malédictions. Les arnaqueurs sont toujours entre deux situations ; le risque de représailles humaines ou divines est toujours au rendez-vous, que ce soit dans cette génération ou celle à venir. La quête du renouvellement perpétuel est toujours relative.

Le sang des âmes innocentes assassinées, viennent toujours revendiquer une purification de la part de la nature. C'est populairement appelé boomerang ou représailles divine dans la force de l'annulation.

Une réalité dans la pratique de la sorcellerie, où il a toujours été caché à ceux prêts à contribuer à la déshumanisation du monde.

9 Statistiques Globales

A. Deux **hommes sur dix** sont dans la fraude cybercriminelle ou entretiennent des connivences avec les arnaqueurs de l'Afrique occidentale.

B. Une **femmes africaines** ou **occidentales** sur **10**, sont dans le 419 fraude ou entretiennent des connivences avec les arnaqueurs.

C. Sur **10 fraudeurs**, trois sont impliqués dans la duperie 419 sous des formes diverses.

D. **Est-ce que trois quarts** de gouvernements ouest-africains sont de connivence directement ou indirectement avec 419eurs pour des commissions.

E. Une évaluation d'une perte **de trillion de dollars** par an dans le monde entier.

F. Les virements bancaires, sont l'un des plus grands moyens de vol en matière, la plupart du temps par des fraudeurs Occidentaux auxquels on peut adjoindre des intrus de cyber. Ils sont les plus grands bénéficiaires de la fraude cybernétique.

G. **Quatre** étudiants ouest-africains sur **10** s'instruisant et vivant à l'étranger pratiquent la fraude 419 sur la base du mysticisme.

H. Une estimation **d'environ 84 milliards de dollars** a été perdu dans la fraude 419, depuis son entrée en vigueur, la plupart du temps à travers les avances de paiement exigées.

I. Les fraudeurs 419 ont un taux d' augmentation annuel **d'environ 5%** , et celui des adeptes du mysticisme dans le 419 avoisine les **2%.**

J. **40%** de victimes occidentales sont arnaquées par des « intelligences » occultes.

K. Plus de **98%** de victimes autour du globe n'ont jamais regagné leur argent.

L. **60%** de ces fraudeurs de cyber sont des arnaqueurs aveugles (c.-à-d.. *ils escroquent tout le monde sans se soucier de qui l'on est, ni d'où l'on vient*).

M. Les formes d' arnaques les plus prolifiques en lignes de nos jours, sont : la loterie, les approvisionnements par virement bancaire, les histoires d'amour en ligne, le marché boursier et le transfert de fonds.

N. Le Nigéria et le Ghana sont les plus avancés dans la pratique des rituels occultes en matière de cybercriminalité pour duper des Étrangers via **Yahoo plus**, **Yahoo plus plus**, via les rituels de sang **et Sakawa**(Ghana) qui passe pour être le sommet en la matière en Afrique de l'ouest.

O. La Côte d'Ivoire, le Nigéria, le Ghana, l'Afrique du Sud, le Cameroun, le Maroc, et le Bénin sont les principaux leaders du cyber crime en Afrique.

P. 5 419erus **sur 10**, utilisant les méthodes obscures pour escroquer, se retrouvent toujours dans un boomerang spirituel qui les mène à l'auto destruction ou à la destruction immédiate de leur famille.

Q. 30% de trafics humains qui vont pour des rituels liés au sacrifice de sang, sont directement ou indirectement associés aux manœuvres visant à augmenter le pouvoir des arnaqueurs sous toutes les formes.

R. 90% de parents en Afrique, ignorent que leurs enfants sont dans la fraude 419.

S. Les nations dans lesquelles on récence le plus de victimes dans le monde sont les Etats-Unis, la Chine, le Royaume-Uni, l'Inde, l'Allemagne, l'Australie, l'Espagne, Hong Kong, la France, Dubaï, les EAU, la Suisse, la Russie et l'Italie.

10 Pourquoi La Plupart Des Occidentaux Succombent En Permanence A La Sorcellerie Des 419eurs

Il est très simple de comprendre les raisons pour lesquelles les Occidentaux continuent à devenir les proies de ces maîtres dans l'art de l'arnaque à ce niveau de la cybercriminalité.

Leur regard sur ce fait est totalement ignorant, c'est-à-dire que cette philosophie est limitée aux maîtres de l'ésotérisme dans leur milieu, qui jugent cela incorrect de partager avec le public qui n'est pas membre du mouvement.

Certains nient volontairement que notre présence matérielle est composée d'une énergie qui régit tout en esprit, un fragment de connaissance qui n'est rien d'autre que nous ses occupants. Une quantité et une qualité de connaissance qui n'affirme rien d'autre que nous, les principaux occupants d'un univers composé de compositions qui constituent tout.

D'autres ne font que se conformer à une analyse radicale de tout ce qui est apparent, et méprisent ce qu'on ne peut voir. Ils croient et séduisent seulement l'intelligence naturelle qui n'a rien à voir avec l'irrationalité de la métaphysique. Tandis que la vérité n'a besoin d'aucun camarade pour agir; ce qui est nature le reste et ce dont il est fait, les lois de la cosmologie.

Donc, peu importe combien la presse expose les 419eurs, si rien n'est entrepris par des moyens spirituels, ou avec la théorie spirituelle pour sensibiliser ces victimes et les personnes sur le point de le devenir, les arnaqueurs continueront à monter sur leurs grands chevaux même au détriment de leurs âmes.

Tout d'abord, la spiritualité ne peut être combattu qu'avec la spiritualité, et la plupart de ces victimes n'ont aucun lien avec la spiritualité et sont des non-croyants.

La majorité d'entre eux définissent leur foi comme zéro et aura plutôt tendance à voir et accepter les choses sous un angle rationnel et logique.

Et nous savons que Dieu n'est pas raison, mais un mystère. Dans cette perspective, la science devient la raison et ses merveilles engendrées, une religion.

Deuxièmement, ceux qui sont bien placés dans la société avec l'ego impérialiste et la suprématie, ont du mal à croire en la sorcellerie, considérant cela comme un état d'esprit, qui n'a aucune vibration et d'influence matérielle. Leur esprit égocentrique voit tout bon événement de leur vie comme leur effort personnel atteint. Donc, la sorcellerie pour eux est plus ou moins une affaire Hollywoodienne.

Troisièmement, de nombreuses victimes ne racontent pas vraiment leurs expériences amères, ce qui pourrait conduire à de nouvelles occurrences malveillantes, en raison d'un problème de fierté, d'ego et de honte, etc. En conséquence, de nombreuses personnes ne sont pas au fait des récentes mises à jour dans ce domaine de l'arnaque.

Quatrièmement, les médias occidentaux et les organisations de lutte contre la cybercriminalité, ne prennent pas vraiment une vaste initiative à éclairer leur public sur les implications de sorcellerie de toute forme, ou n'émettent pas de solutions réelles dans ce sens-là.

Au lieu de cela, ils se sont spécialisés dans l'analyse et les explications techniques qui n'aident pas vraiment les victimes et les futures proies.

Une procédure intelligente de leur part, mais dont les 419eurs en savent tout et s'en moquent dans leurs somptueuses soirées tardives où ils chantent Mougous habituels.

Cinquièmement, la paresse spirituelle pour certains ; beaucoup estiment être très ennuyés de s'engager dans n'importe quelle forme de torture spirituelle, lorsque leur vie est en plein essor ou quand il s'agit d'un drogué qui ne peut pas se passer de sa dose. Pour la plupart, c'est l'une des habitudes les plus difficiles à accueillir dans sa vie quotidienne, sans compter que la religion est si étrange, une chose parfois pleine de règles tordues avec lesquelles il faut vivre.

Il y en a qui ont des habitudes qui ne peuvent

pas permettre la plus élémentaire des spiritualités, comme l'égocentrisme, fumer en chaîne, l'avidité, la gourmandise, la luxure, l'alcoolisme, les manipulations, etc. Un chemin et une lutte à conquérir afin d'atteindre le crédo céleste.

Sixièmement, les pratiques rampantes de juju ne font pas partie des attributions culturelles et quotidiennes des occidentaux. Nombreux d'entre eux ne lisent cela que dans les livres, et ne le voient que dans les films, caractérisés comme horrifiques, comme 'Buffy, Contre les Vampires', 'Surpernatural'. Ils ont été élevés à croire que le cerveau est la seule force unique.

Et ceux qui sont maîtres de l'ésotérisme là-bas le font dans un milieu très fermé, ce qui rend cela difficile aux nouveaux arrivants de connaître ses réalités diaboliques, jusqu'à ce qu'ils soient coincés dans un angle et qu'ils ne leur soit plus possible d'en ressortir et d'en parler ; un tabou ou la mort vous séparera de la chose .

Mais de nos jours, tout change si vite, que tous les niveaux de la société sont littéralement diabolisés par la philosophie de la nouvelle ère, dans un recrutement massif et agressif. C'est solennel, soit vous êtes avec eux ou alors contre eux, et là vous devenez un ennemi potentiel.

Septièmement, la frustration, le désespoir, et la croyance aveugle que le bonheur immédiat peut être obtenu à partir de l'interaction cybernétique. Surtout, se rapportant à ceux cherchant à rencontrer l'âme sœur, qui se retrouvent dans des situations chaotiques. De manière incommensurable, ils s'investissent à la fois sentimentalement et financièrement sans la moindre méfiance de quelque type que ce soit.

En conclusion, cette obsession s'incarne à travers toutes les actions internes du démon au niveau psychique (relatives à l'âme ou l'esprit), des cauchemars, des visions érotiques, sacrilèges.

11 Les Effets Globaux Sur La Société Contemporaine

La modernité de la sorcellerie 419 a toujours donné la preuve d'éléments se rapportant à la promiscuité morale, les ségrégations issues de valeurs culturelles, l'usurpation d'identité, le sabotage du mérite des élites, ayant pour ainsi dire imprégné tous les aspects de la force d'un pays au niveau de l'intelligence économique. Ils ont succombés à un dogme, où la philosophie rationnelle de l'homme a été démentie.

⚜ L'instabilité mentale

Les répercussions des pratiques d'arnaque ou des marques des Feymen sur les victimes, l'acteur et la société dans son ensemble et sur la mentalité des gens, sont toujours désastreuses, étant donné que toutes les formes de confiance se sont envolées par la fenêtre.

Et une société dans laquelle on ne se fait pas confiance les uns les autres est tout simplement une société malade. Il y a toujours une navigation de suspicion perpétuelle partout et nulle part. La capacité de raisonner d'une manière morale devient un tabou, puisque les gens voient la sorcellerie partout.

Sans parler de ceux qui ont été usurpés par les arnaqueurs. Ces derniers voient les choses et raisonnent différemment, provoquant ainsi une frêle et inhabituelle instabilité mentale qui affecte par conséquent la société dans son ensemble. A travers un mauvais regard socio-culturel et économique.

⚜ Les exigences financières exorbitantes

L'introduction de l'art de la sorcellerie dans la société contemporaine a conduit à de graves exigences financières de toutes sortes.

Les 419eurs l'ont utilisé de manière insultante pour sucer et ré-sucer la société d'une manière indiscriminée, peu importe la situation économique de la personne ou de la société en place. Cela a causé de graves répercussions sur la situation économique générale des sociétés et des personnes, affectant sérieusement leur PIB (production intérieure brute).

✳ Rupture implicite avec l'environnement d'origine

L'introduction du vol imprégné de magie a de ce fait laissé un grand vide sur la morale de la société d'origine. Les valeurs de bien se comporter ont été mis de côté, au profit de chérir et de saluer la théorie de l'avoir encore et encore.

Les gens se sont plié seulement au-devant de l'argent, ne se souciant ni de son origine ni des méthodes utilisées pour l'atteindre. Les exigences culturelles sont méprisées et l'on fait face à l'amour de la facilité, et la forte volonté d'acheter le patrimoine incorruptible des générations.

✳ Les dommages à l'intégrité physique

En conséquence, l'unité a énergiquement disparut, étant donné que les arnaqueurs peuvent désormais mettre en avant leurs propres formes d'ordre dans le milieu. Les gens voient maintenant les bénéfices dans la sorcellerie avec l'arnaque jointe.

Simultanément, le cerveau des jeunes, de l'élite commence à passer de l'intégrité physique à un intérêt pour l'arnaque, à travers les doctrines de l'acquisition de la richesse rapide et facile, conduisant ainsi à l'incorrigibilité de la mentalité contemporaine.

⚜ Le recrutement d'enfants

Les arnaqueurs entraînent maintenant la force énergétique de la jeunesse pour demander à leurs récents twitteurs comment ça marche, qui en retour les introduit dans le monde occulte, leur miroitant seulement les avantages.

Classé comme la philosophie de "Vivre heureux mourir jeune", un voyage dont la plupart ne peut dire quand cela commence et s'achève. En tant que bloc de tête, ils nagent tête baissée vers la catastrophe de leur postérité. Où prendre en main les réalités n'est pas chose facile, quand les rituels cannibales deviennent imposés, tuer des personnes et parfois même des parents immédiats.

Comme ils projettent une quête de grande illumination, cela leur donne la sensation chaude de domination et de contrôle sur la victime, qu'elle soit étrangère ou non, jusqu'à ce qu'ils soient satisfaits.

⚜ Le destructeur du génie naturel

Les cerveaux de la société sont poussés hors du bien-être de la nation, et les inventions futures qui peuvent profiter au monde entier sont consciemment brisées. Le génie va littéralement aux esprits paresseux, endormant l'esprit ou faisant dérailler ce dernier.

Là, leur propre destin devient douteux au visage de la normalité, parce que la facilité et le courage à toute épreuve a pris le dessus sur les tendances naturelles. Ils deviennent des victimes systémiques dans les bottes des auteurs.

Le travail de toute une vie des parents de voir leurs enfants intégrer la société respectée et d'être une référence, disparaît quand la société entière et l'image de la nation se trouve ternie, devant la communauté internationale qui ferment les portes à toutes formes de philanthropie et d'échanges dans les affaires.

❋ Discours plus ou moins antisocial

Comme résultat de l'étendue de la célébrité de la sorcellerie 419, la société contemporaine a vu l'émergence de deux types de gouvernements, ceux qui critiquent en public et ceux qui sponsorisent dans les couloirs.

Ils le font pour avoir des commissions mensuelles, dès que l'accord atteint sa maturité vu qu'ils appartiennent tous à un même groupe sectaire. Livrant à la société des discours parfois qualifiés d'escroqueries ou ceux qui tiennent le maillon financier détiennent la société contemporaine. Ils forcent littéralement le mécontentement, comme les coupables sont toujours protégés aux yeux de toute population enragée.

La Société est pour ainsi dire littéralement transcendée par les divisions de circuits économiques traditionnels, les plus précieux pour le progrès de la nation tout entière.

⚜ Perturbation de l'ordre public

Tout ce qui prend son origine dans la fraude et la sorcellerie a toujours tendance à créer une mouvance au sein de la société, allant dans tous les sens.

Comme la plupart des formes d'arnaques ont vu le jour, tout comme les églises d'origine douteuse, prêchant et extorquant de l'argent au public complètement perdu. Conduisant ainsi à l'organisation d'un mécanisme qui convient à la propagande réelle de la vente de l'essentiel à une société déjà condamnée.

Ils sont parfois piégés par la compréhension d'une philosophie très-au-dessus d'eux, qui les baigne dans la confusion et le mauvais choix ainsi que les déconnexions familiales de toutes sortes.

12 Un Regard Systématique Sur L'analyse De L'arnaque 419

En raison d'une recherche étroite, le nom 419 prend ses origines des casiers judiciaires de fichiers de droit nigérian ; ceci dans le cadre du cahier des charges qui condamne l'art de l'arnaque. Et sur cette précision, nous entendons par là, l'acquisition illicite de richesses, que ce soit de l'abus de confiance ou non.

De l'épicentre de ce phénomène, nous concluons donc que 419 c'est le vol, la manipulation, la mafia, le banditisme, un jeu coquin qui donne aux escrocs un avantage supérieur. Qu'importe la race de la personne impliquée ou la situation dans laquelle elle se trouve.

Si cela peut se faire sentir dans ce secteur, que

devient cette aspiration populaire que 419 est juste une affaire de connexion Ouest Africaine. 419 étant purement un méga laid visage du Nigéria ? Si on le voit de cette manière, bien sûr que ce serait vrai. Mais est-ce que ce concept ne rime vraiment pas pour de vrai? Appelons le chat, chat, et la hache, hache.

Beaucoup a été exprimé par les statisticiens occidentaux ainsi que la presse, promulguant que le Nigeria, le Ghana et l'Afrique ou les Africains dans leur ensemble, sont de véritables monstres de l'arnaque cybernétique. Gagnant ainsi pour eux l'honneur douteux de devenir le numéro un mondial de l'arnaque via internet; un concept populaire qui a été acclamé avec fastes.

Car on estime à des milliards de dollars perdus par an dans le cadre de l'arnaque cybernétique ; par conséquent, la connexion Ouest Africaine devra être soupesée, avec de vraies mesures. Dans la mesure où les plus grands 419eurs ne sont pas issus de cette section présumée de la conspiration frauduleuse. Alors, qu'est-ce donc? Qu'ont les statisticiens et les médias à l'esprit?

La capacité à rendre les arnaqueurs de l'Afrique de l'Ouest populaire en tant que les plus grands dans le jeu 419 est pris sur le fait; ces gars-là sont trop endémiques et sont répartis dans tous les coins de ladite loge Internet. Ils usent de la philosophie paranormale pour dépersonnaliser les Occidentaux de la haute et de la basse classe dans leur propre intelligence. Une Certaine méchanceté et cruauté que nous connaissons tous.

Comme douloureusement ils ne donnent aucun répit à qui que ce soit, et cela fait mal ; c'est comme une douleur à chaud dans le cou. Ils s'attaquent à tous ceux qui osent les contester et ceci même les esprits les plus brillants dans le monde et s'en vantent sur leurs forums.

C'est du jamais vu, puisque l'esprit de la suprématie permanente a toujours prédominé les sentiments occidentaux sur l'Afrique et les Africains dans leur ensemble.

Pourtant, le genre d'êtres humains que nous avons aujourd'hui sont si différentes de ceux d'il y a trente ans, étant donné que les technologies ont aidé à ramener les concepts à la simple compréhension, et ont de ce fait gelé la complexité. Façonnant ainsi l'homme des quatre coins du monde à devenir plus impitoyable, de n'avoir que l'argent à l'esprit ; alors, pourquoi tant se plaindre, si l'on veut le changement et qu'on n'est pas prêt de changer de nous-même?

Les statisticiens Occidentaux ont-ils vraiment effectué des recherches approfondies pour comprendre les raisons brutes qui se cachent derrière cette détermination sans relâche d'Africains d'atteindre leurs dollars ceci par tous les moyens nécessaires?

Est-ce que la suprématie occidentale, l'impérialisme, les impositions économiques sur la situation économique de l'Afrique, ont vraiment motivé cet esprit?

Pourquoi avons-nous alors 7% d'augmentation chaque année dans la liste des fraudes? Pourquoi les gouvernements sont-ils devenus complices avec les gourous de la fraude dans leurs propres pays, en faisant semblant de les combattre, mais gagnant à la limite de grosses commissions?

Est-ce que l'émergence des arnaques 419 ne constitue pas plutôt une bombe qui aurait finalement explosé? Que devient alors cette notion avilissante selon laquelle les "Noirs n'aiment pas la lecture", si leur désir de lire a été transformé en un tour d'arnaque qui suscite la peur ?

Un tour de passe-passe hors pair, une détermination qui surpasse toutes les autres; Waouh les Africains, ça c'est du jamais vu ! Mais est-ce que cela fait d'eux les plus grands actionnaires du gâteau de l'arnaque cybernétique? Sont-ils plus bénéficiaires que la mafia sicilienne ?

Alors, pourquoi une telle désapprobation, pourquoi ceux qui condamnent les 419eurs ne commencent-ils pas les accusations dans leurs propres pays, qui avalent des milliards de dollars de personnes innocentes par fraude boursière bien calculées, fraude bancaire, fabrication d'informations de toute pièces pour provoquer des guerres, prise d'ombrage de la richesse naturelle des autres nations?

Grâce à ce qu'on pourrait appeler la mafia transnationale ou banditisme orchestré par les 419ers bureaucratiques de haut niveau, bien soutenus par les dernières logistiques. Pourquoi garder de côté ces bandits de leur liste d'enquête approfondie, ou les exposer à travers tous leurs médias ... humm c'est étrange!

Encore une fois, 419 en général signifie le vol, la mafia, la tricherie, la manipulation, la conspiration et l'invasion, profiter de quelque chose ou des propriétés qui ne nous appartiennent pas à juste titre. Malgré le fait que tout est mis en place pour ne pas voir cela sous cet angle, mais les faits restent inchangés par la manipulation du public, en leur faisant croire à autre chose.

Dans un autre sens, 419 est une tête qui a pour démembrements tout ce qui est dupe, foutaise et les torsions de cerveau. Réduisant sa compréhension à un jeu impliquant toutes les nations, allant des citoyens, des organisations aux gouvernements de toutes catégories imaginables.

Comme pour dire que si tu es intelligent, tu peux inventer ta propre fraude, prend juste garde à ne pas te faire prendre, ou plutôt être pris au fil du temps.

La fraude est aussi vieille que le monde, et doit être analysée dans une équité respectée. Vous ne pouvez pas combattre un virus à l'extérieur, lorsque vos gens sont des professionnels dans l'utilisation de virus "à l'intérieur et en dehors" de votre espace, c'est de imbécillité caractérisée.

Il ne faut pas se méprendre sur le fait que 419 est du Nigeria, de l'Afrique ou une affaire de la race noire. Si c'était le cas, sûrement que Bernie Madoff (plus grand arnaqueur américain) aurait été un Africain ou un Sud-africain.

Dans une telle détresse, avant que toute forme de condamnation ne soit présentée, il faut contrôler votre espace, et les dirigeants de votre milieu, en commençant par critiquer leurs atouts mafieux ; alors probablement que vous pourriez avoir le courage de combattre les "frais de commission exigés" (Advanced Fee Fraud) essentiellement pratiquée par les Ouest Africains.

En dernier mais non le moindre, le terme 419 est un terme générique pour couvrir tous les types de fraude, de faute, de malversation, de banditisme, de complot, d'invasion, de manipulation, de tricherie, d'abus de déflation, de vol, de détournement, de fausse déclaration, bref, tout ce qui n'est pas moralement acceptable.

Personne ne peut mieux définir la fraude 419 ou la Feymania que ceux qui pratiquent cet art et sont à son origine ou qui vivent dans le milieu et savent mieux que qui quiconque leur histoire.

C'est une fierté pour eux de garder certaines notions rien que pour eux-mêmes, faisant d'elles leur culture populaire pour les tavernes et les conversations d'auberges.

13 Méthodes Pratiques Pour Lutter Contre La Cyber Arnaque

S'il vous plaît pour l'amour de Dieu, faites une halte et posez-vous ces questions vitales. Pourquoi sur terre, un étranger vous choisit-il pour partager une marre de millions. Pourquoi un parfait étranger tel que vous!

Pourquoi sur cette terre ventileriez-vous vos informations personnelles telles que votre numéro de compte bancaire, votre en-tête de lettre de la compagnie, numéro de téléphone, adresse etc. Seulement sur la croyance en la parole d'un être hors de votre portée ?

Pourquoi est-ce que vous lui enverrez de l'argent sur cette terre, comme avance ou paiement multiple pour honoraires seulement sur une simple prétention?

Pourquoi est-ce que sur cette terre vous donneriez trop de pièces à un véritable étranger pour terminer comme témoin de menaces, kidnapping, dettes, stress, confusion, extorsions, meurtre ou distributions? Pourquoi!

Du moment où vous lirez ces règles surement vos idées entreprenantes pour ce type d'aventure s'en trouveront changées.

1) Souvenez-vous! Rien n'est jamais vrai sur internet jusqu'à ce qu'il ne le soit vraiment. Règle n°1 : Prenez-le comme une illusion à première vue. Oubliez la notoriété.

2) Jamais, jamais, ne vous hâtez jamais en faisant affaire en ligne avec un quelqu'un particulièrement s'il est nouveau pour vous en particulier; Mettez leur réputation de côté, étudiez comment et où vous devez procéder sinon leur arnaque pourrait commencer par vous.

3) Essayez autant que possible de savoir avec qui vous traitez. Ce serait imprudent et injuste pour vous de vous jeter avec confiance juste sur la base d'une parole. Procédez par une enquête minutieusement profonde dans Google, Demandez,

Bing, le moteur de recherche AltaVista, et comparez les références les unes avec les autres (emails, fragments de messages).

Posez des questions et soyez très attentif aux réponses parce que les arnaqueurs peuvent essayer de distraire votre attention en introduisant des étapes de conversation différente.

4) Soyez intelligent et étudiez le type de personne. Car la plupart de leurs emails est stéréotypé et n'importe quoi de nouveau expose au trouble. Consultez les sites relatifs aux arnaques tels que www.419scammersexposed.com, www. aa419.org et www.Hoaxbuster.com. qui ont exposé beaucoup d'arnaqueurs Africains avec leurs images empruntées de Facebook en particulier

5) Le poids de l'affaire peut être aussi lourd et en conséquence, vous pouvez être tenté de voyager au pays de l'affaire. La Première des choses à faire est, de s'assurer que votre entourage est consulté que votre avocat, banquier et l'organisation pour la sécurité des affaires sont impliqués. Soyez adepte de raison plutôt que de désir.

6) Assurez-vous vos documents de voyage sont tous dans les normes, surtout vos certificats

sanitaires, ainsi que le timbre du visa. Parce que, chaque erreur possible du vôtre peut être utilisée comme une arme contre vous, par l'arnaqueur pour mieux vous traire. Car ils sont toujours de connivence dans leur milieu.

7) N'autorisez pas votre désir à surpasser votre raisonnement, seulement parce que les chiffres vous assurent une aubaine de gains.

Assurez-vous que l'affaire est bien comprise par vous ou consultez un avocat expert en ce domaine, oubliez le caractère confidentiel, c'est leur ruse première pour garantir votre lavage de cerveau et tout taire. Soyez un homme et prenez le risque, en parlant à d'autres qui peuvent mieux vous orienter.

8) Comme mentionné ci -dessus, ils (419ers) utilisent cette tactique de caractère confidentiel extrême, et de non-réticence pour s'emparer de votre bon sens ou distraire votre sens d'alerte. Rendant très difficile les vraies vérifications.

Dans quelques cas, ils se servent de la loi pour vous menacer si vous enfreignez l'accord en voulant ventiler vos pertes à la personne à qui de droit. Moquez-vous-en et poursuivez avec vos intentions initiales, car un vrai voleur n'osera jamais se montrer.

9) Ne vous laissez pas influencer par les questions de race, nationalité, éducation, âge ou genre. Oubliez les erreurs communes que vous pouvez rencontrer dans les lettres de communication ou les emails qui habituellement le trouvent placent uniquement dans les mi- coins des messages qui attestent de leur intellectualité sur une proportion seulement, tout ceci ne sont que des tricheries ou des voies cachées générées par ces escrocs pour vous faire vous sentir supérieur et plus tard négocier avec vous usant le remède adéquat.

Ces types sont des professionnels dans leurs actes mais vous devez être alerté pour tracer leurs demi - sens. Jamais payer un penny jusqu'à ce que ce soit livraison contre remboursement ce qui bien sûr ne sera jamais donc, car tout repose sur les mensonges et le vol.

10) Renforcez vos mots de passe. Ils devraient avoir un minimum de huit caractères, combiné avec les caractères supérieurs et bas de casse, sans oublier l'usage d'un nombre ou plus. Et ne pas utiliser le même mot de passe sur tous vos sites de rencontre ou sites populaires.

Et aussi, votre mot de passe de l'email devrait être différent de votre Facebook possédez, également d'autres, de sorte à éviter le hacking inutile de vos données privées par les vendeurs d'email et les cyber arnaqueurs.

11) Evitez d'entretenir des relations commerciales de toutes les sortes avec individus qui ne donnent aucune informations directe sur leur adresse postale ou adresse de rue, lignes téléphoniques. Pour toute personne sérieuse ou toute compagnie ce sont des préalables.

C'est même évident que cette attitude vise à un rinçage bien planifié, ils préfèrent ne pas vous répondre sur l'instant mais laissent dans votre boite vocale des messages qui vous parviendront plus tard. Honnêtement, trouvez- vous cela normal si vraiment vous êtes un client pour son affaire?

Juste que ce sont des mises en - scène d'auberges apportées de région à ville portant encore le parfum original et demandant juste une petite attention de votre part pour renifler des pièges.

12) Protégez votre ordinateur de toutes les sortes de maux. Faites de votre e-mail une chose pour

vous et vos VIPS; c'est-à-dire les amis et connaissances. Utilisez des logiciels qui luttent contre les virus, et les spam.

Installez un pare-feu et n'autorisez jamais une entrée automatique en laissant votre ordinateur avoir un rappel automobile de vos mots de passe. C'est très dangereux, car il peut devenir une porte d'entrée pour les arnaqueurs.

Et ne vous autorisez pas des sessions de longue durée sur un web site de façon continu. Vous devez apprendre à avoir un contrôle autonome de tous vos efforts du dans le monde cybérique.

13) Toujours dans cette ligne d'alerte, les coups de téléphone commençant par 003, 004, 005,006, 008, 00225, 00229 sont à éviter. Ces gens sont très habiles et ne prennent aucun risque d'être découvert.

Et si, en utilisant un numéro particulier, ils sont découverts par la victime comme étant des arnaqueurs, ils se débarrassent immédiatement de la Carte Sim qu'ils utilisent. C'est pourquoi; un vrai arnaqueur a toujours quatre à cinq numéros de téléphone à sa disposition. C'est encore lui qui joue le rôle de l'intermédiaire mais en agissant avec une autre voix pour vous faire croire qu'il est en association avec un Caucasien occidental pour se mettre à l'abri de tout soupçon.

Profitant d'un pourcentage récolté sur la personne blanche. Ceci est très commun avec une mise en jeu de moyens lourds et d'affaires puissantes impliquant beaucoup de dollars.

14) Ne permettez à personne de dominer votre esprit quelle que soit la « crédibilité » de ses approches. Ne lui permettez pas de vous mettre pression inutilement. Restez sur vos gardes jusqu'à ce que cette crédibilité soit prouvée. Développez des aptitudes à toujours détecter des erreurs, car votre obsession à cet effet vous permettra certainement d'en trouver.

15) Ayez l'habitude de vouloir toujours visiter son web site principal, ses affiliations avec les réseaux sociaux populaires comme Facebook, Skype, Linked-In, et ses partenaires.

S'il est incapable de produire au moins deux de ces emplacements: Skype et Facebook. Doutez de lui et revenez sur vos pas, car les entreprises de par le monde entier tirent un profit via les modes de paiement ou l'accès gratuit aux avantages de ces réseaux; car ces emplacements sont des canaux qui autorisent (le négociant) d'être en contact permanent avec son parterre des clients à travers le globe dans tous les modes de communication: vidéo conférences directes, commentaires, comme preuve du pudding.

16) Les intrigants aiment utiliser la théorie du travail à domicile, ayant cette petite ruse drôle de toujours afficher sur leurs pages web REMBOURSEMENT GARANTI. L'Amérique qui connait l'un des plus grands problèmes économiques du siècle, a connu une grosse perte d'emplois en son temps, ce qui a eu pour conséquence de voir un grand nombre de ses citoyens basculer dans cette option se terminant avec des résultats peu ou pas du tout satisfaisants incluant des pertes d' argent, ceci devenant une des plus grandes impostures de notre temps.

S'il vous plaît, abstenez-vous, de succomber à une telle ruse, faites vos travaux en empruntant un chemin sérieux et acceptable. Au lieu, de vous obstiner à acheter les offres à travers des fenêtres de réduction d'argent instantanées.

Ils fonctionnent dans beaucoup de dimension, ils rassemblent noms et contacts des business sites anonymement, les compilant dans un disque, écrivant des lignes instructives sur comment le faire, créant des bannières fort attrayantes, formulant un scénario puissant du succès de l'auteur ou l'histoire d'une autre personne avec les photos, avec devant voitures chères louées ou empruntées.

Ensuite, les victimes sont comptées lors de la parution sur internet.

Quelques-uns sont devenus sophistiqués même, en ayant un système de chat immédiat sur avis de votre présence dans leur site et si vous répondez, vous présenteront une force de persuasion massive pour acheter leur option. Plus les prix continueront à chuter, mieux il vaudra pour vous de quitter le web site.

C'est une forme américaine pure d'escroquerie, en utilisant l'originalité pour prétendre que les non-américains peuvent prétendre aussi à une part du gâteau, comme résultat beaucoup de nations pauvres récoltent des victimes. Croyant que, les dollars changeront leur vie comparé à la basse monnaie de leur pays.

17) Utilisez des sites web avec logiciels juste pour localiser leur IP (http://www.wikihow.com/Trace

une IP adresse,

http://forums.whatismyipaddress.com/viewforum.p
hp?f=7).

À travers l'e-mail qui vous est donné pour
traiter avec lui. Faites-le autant de fois que vous
pouvez, et au cas où survient toute délocalisation
ou changement brusque de lieu, s'il vous plaît
retenez vos pas.

Car il ne doit jamais savoir que vous êtes sur vos
gardes, ou, aussi puissant qu'il est dans sa capacité
de se fondre dans la nature, fabriquera une
stratégie brûlante pour vous prendre froid et docile
dans le but pour lui de vous maintenir rattaché et
vous mener doucement à votre ruine comme était
prévu son plan initial.

Même si le site ne vous donnera pas tout au sujet
de son adresse lorsque vous le traquez, au moins
son emplacement vous sera indiqué, c'est la ville, les
temps et date pour vous pour confirmer ses mots.
C'est très simple.

18) Ayez la décence de ne pas compter souvent
sur les transactions commerciales faite à travers le
programme d'échange de devises par exemple les

compagnies de change d'argent populaires comme Western Union, Moneygram, ont cette politique populaire de retrait d'argent partout dans le monde , en vous autorisant à retirer de l'argent à vous envoyer depuis n'importe qu'elle place du monde.

Ceci fait du cyber arnaque une escroquerie très organisée, puisque vous n'avez pas besoin d'être exactement où vous prétendez pour détourner la fortune d'une personne.

En d'autres termes, votre voisin peut être celui qui vous tue. Vous devez donc être très méfiant face à cette forme de négociation. C'est leur politique de la transaction et nul ne peut le contredire.

19) Le soi-disant interlocuteur. Cette troisième partie, comme vu dans les explications un et deux en partie, est cet individu dans qui entre en lice quand, la victime a déjà expédier le courrier attendu par l'escroc, celui-ci se faisant alors passer pour un banquier, un agent de bureau central, etc.

D'où la nécessité de prendre toujours beaucoup de précautions et de ne jamais s'empresser, parce que ces types sont souvent les complices de l'arnaqueur et partagent les mêmes motifs que lui.

20) Soyons dans la vraie définition de la conférence, pourquoi un citoyen d'un pays vivant dans ce pays, aurait des difficultés à parler de façon adéquate le dialecte du milieu. Pourquoi est-ce que son accent ne concorde pas avec son lieu de séjour?

Ceci procure beaucoup de pitié de constater que des chemins très communs sont utilisés pour abuser de l'intellect d'êtres humains bien éduqués. Vous devez être sur le qui-vive, lorsque vous faites affaire à l'international avec un individu qui prétend être d'une nationalité particulière.

Vous devez apprendre à poser la question initiale et lui faire répondre de son identité et au moindre cas de suspicion directe, arrêter l'affaire immédiatement ou alors, donnez-vous plus de temps pour réfléchir.

Vrai, tout le monde ne peut pas être intelligent à la fois. C'est pourquoi, vous apprendre à connaitre les réalités de ce milieu est la raison pour laquelle ce livre a été écrit.

21) Méfiez-vous de quelques professions. Il y a quelques individus qui se font passer pour des hommes religieux (prêtres, pasteurs, etc.), des avocats, des diplomates, des notables, des

occupations qui donnent peu ou aucune envie à vouloir les questionner.

Un arnaqueur traversera toute porte pour obtenir ce qu'il veut dès lors que cela ne le blessera pas. Ils essaient par tous les moyens à d'être propres et ponctuels. Ce cas est lié généralement à ceux qui prétendent être les survivants de désastre naturel comme ce fut le cas d'Haïti.

Où les fraudeurs ont vu un moyen propre et évident de s'enrichir à domicile. Vous pouvez apporter votre aide financière à travers une organisation bien connue qui le fait dans votre pays seulement ou dans votre région.

Ou alors si le montant que vous voulez donner est trop grand, alors répartissez-le à plusieurs organisations qui vont l'acheminer à cette même nation.

22) Les histoires dramatiques d'origine douteuse ne doivent pas avoir effet sur vous. une simple cyber correspondance ne doit pas étendre de ficelles ou vous amener à cogiter sur des questions soudaines qui demandent une aide financière immédiate, tels des cas de santé, des problèmes juridiques, des questions liées à un voyage ou une

demande de Visa, de l'investissement.

Mettez dans votre esprit que, cet âge est passé pour un tel type d'escroquerie et vous êtes immunisé face à cela. Devant une telle demande d'une personne inconnue, référer vous simplement à Google, Bing pour la recherche, parce qu'ils sont le berceau d'informations et références de tel calibre.

Vous devez apprendre à être très pragmatique dans ce que vous faites et dans votre manière d'aider. Soyez très sûr d'où et comment vous obtenez les informations avec les renvois physiques.

Bien qu'ils ne garantissent pas toute l'assurance mais au moins, vous avez un indice si vous voulez évaluez-les pour savoir à quoi ils s'apparentent.

23) Apprenez à être sur le qui-vive. Soyez une personne assidue et maîtrisez vos investissements. Soyez toujours à l'affut du moindre renseignement.

Car vous aurez peut-être à affronter des individus qui prétendent être des représentants du gouvernement et qui vous proposeront gros (à travers richesse princière, héritage posthume, les contrats gouvernementaux surpayés, des diamants, etc.), en échange de sommes faramineuses chiffrée à des millions de dollars.

Ici les loups habillés en peau de brebis sont les maitres du jeu. A titre d'exemple, s'ils ont votre numéro de compte bancaire, vos adresses, numéros de téléphone, etc., vous vous retrouvez dans un gros problème dans votre propre pays.

L'expérience a prouvé que nous sommes tous des gloutons, des affamés, gourmands d'une façon ou d'une autre, l'accumulation d'argent étant notre souci premier.

Ceci étant, nous devons apprendre à contrôler notre moi lorsqu'il s'agit de cyber affaires avec des imposteurs, car rien n'est jamais gratuit.

24) S'il vous plaît, de la méfiance vis – à vis de la coalition 419 , en réponse à l'attitude à adopter quand on ose traiter affaire avec les Nigérians et autres ouest -africains beaucoup plus . Bien que nous l'ayons déjà répéter sous plusieurs formes, faites toujours vos transactions d' une manière officielle.

Nous le redisons, ne payez jamais aucun franc, peu importe les raisons, ne contractez jamais de crédit pour aucune raison peu importe la pression mise sur vous, ne jamais avancer aucun montant d'argent jusqu'à ce que votre banquier confirme que le chèque a été validé, n'attendez jamais aucune forme d'assistance du gouvernement nigérian ou autre, ne comptez jamais sur votre gouvernement pour vous tirer d'affaire si vous avez eu des ennuis provenant de cette ruse. C'est très sérieux et vous en avez été averti plus haut.

25) Une autre astuce de ces bandits consiste à vous faire parvenir des emails ou les spams . Vous recevrez alors des emails élégamment conçus, comme s'il s'agissait des banques officielles en ligne (Paypal, eBay, eMoney, etc.) au nom d'un négociant, vous demandant de confirmer vos informations personnelles.

C'est un très grand piège, si vous n'aviez pas de relations de tel, pourquoi donner vos informations privées seulement parce qu'on vous a miroité de l'argent dont vous ne savez rien de la provenance. De grâce, apprenez à faire de vos informations des tops secrets.

Deuxièmement, vous pouvez recevoir un email de site de paiement en ligne, se plaignant d'argent réclamé dans votre compte en ligne ou droits fiscaux inattendus que vous devez payer à travers les réseaux d'envoi et de réception d'argent .

S'il vous plaît soyez sur vos gades, les choses ne marchent pas comme cela. Plutôt que de faire cela, allez sur le site officiel où tout a commencé et faites-vous confirmer l'e-mail.

26) Elargissez votre imagination et votre créativité. Lisez des livres et sur internet, cherchez les risques présentés par la forme d'affaire dans laquelle vous vous impliquez. Internet nous procure gratuitement, les avantages et les inconvénients de ce que nous projetons de faire, ou au moins un indice.

C'est une encyclopédie pour comprendre de façon adéquate chaque cas existant. Donc, au lieu de prendre un risque énorme en divulguant vos secrets privés sur vos économies ou richesses, foncez et créez une identité et un compte différent.

Alors, attendez que votre banquier vous confirme que le chèque ou l'argent déposé sont prêts pour usage. Si tel n'est pas le cas, ne jamais vous agiter, parce que vous pouvez le regretter amèrement.

Mieux vaut perdre deux mille dollars pour créer une barrière de sécurité pour vous et votre famille que de jeter des centaines de milliers de dollars sur une prétention disposant ainsi votre âme à un chagrin éternel, à des dettes, des problèmes judiciaires, des querelles, des instincts meurtriers ou le suicide.

27) Parce que les laisser avoir une influence sur vous à travers vos informations vitales tel le numéro du compte bancaire offre un couloir ouvert pour leurs plans, car ils aiment vous suggérer de déposer le chèque à l'étranger.

Leurre! Par exemple, dans le cas de l'escroquerie dite artistique ils vous envoient un chèque de 50.000 dollars et vous demandent de leur avancer 10.000dls comptant pour quelques frais de d'expédition. Avec certitude que, dans deux ou quelques jours, le chèque à vous envoyer par eux sera confirmé dans votre compte.

Et quand vous constaterez qu'il vous prend une éternité pour entrer en possession, votre banque sera déjà en train de réclamer des justifications pour des traites impayées dans votre compte.

28) La plupart de ces gens se déplacent souvent avec des identités volées, puisqu' ils se spécialisent dans la création des comptes commerciaux dans

leur pays ou même en dehors, les autorisant à encaisser des chèques frauduleux déposés par eux après quoi ils prennent la poudre d'escampette.

Et ceux-ci avec une petite agilité et une grande habileté dans les rouages financiers, vont vite et finissent avec un compte bourré fait sur le dos de leur victime.

Ce que nous signifions ici, c'est que les arnaqueurs seuls et statiques préfèrent y mettre fin immédiatement quand, ils se font une victime à travers l'usage de la méthode de compte courant en comparaison à celui qui exerce avec l'attitude nomade usant des gros moyens.

29) Immédiatement lorsque vous vous rendez compte que vous avez été victime de fraude, en ayant donné toutes vos informations vitales, appelez vite votre banquier et dites-lui d'avoir une vue de près sur votre compte désormais.

Ne perdez pas de temps, et si vous êtes chanceux, vous pouvez sauver les meubles avant qu'il ne soit trop tard, tout peut être encore intact. Mieux, créez un nouveau compte quand il faut négocier une affaire en ligne, et s'ils transfèrent de l'argent en tout cas, ce qui semble peu probable, parce qu'ils n'en n'ont pas, saisissez-vous en   et attendez qu'ils viennent vous le réclamer.

30) Certains téléchargements peuvent être très dangereux, soyez très en alerte sur ce que sur quoi vous CLIQUEZ , ouvrez et distribuez. Les ouvertures sûres sont suivies de ces extensions bmp, jpg, gif, png, tiff, jpeg, tga; quitter les .scr ou .exe.

31) N'utilisez pas de WI-FI publics pour transmettre des informations vitales, comme les questions ayant trait à votre situation bancaire, les questions d'achat, de négociation de contrat etc.

Ne donnez pas vos contacts personnels par emails en cas de doute car la plupart des grandes compagnies qui négocient en ligne ne vous bombarderont jamais avec des emails qui demanderont ceci ou cela.

Si vous vous retrouvez dans ce genre de dilemme, appelez juste la compagnie impliquée et vérifiez directement que de risquer l'économie d'une vie entière.

Plus profondément

L'un des plus grand combat auquel les citoyens du monde font face aujourd'hui, c'est la grippe des manœuvres de démon, avec ses agents dispersés partout dans l'atmosphère.

Leur influence se trouve dans tout ce qui est de nature négative, méchante, c'est-à-dire les hostilités, la cruauté sur les enfants, la haine légère et meurtrière sur les hommes vrais, la perversité, la corruption des valeurs morales et la destruction des valeurs familiales exceptionnelles.

Ceci provoque la fureur et la turbulence chez les victimes immédiates et éloignées, reliant des êtres autour du globe par l'idéologie de la prédication, l'infiltration dans tous les établissements traditionnels et moraux établis, en postant des satellites des religions fausses, l'acquisition de fausses richesses par des moyens peu conventionnels (ésotérisme).

Ici, le cœur du mal peut seulement être contrecarré par des forces de bonne volonté. Et en développant des habitudes et des gestes positifs cela aide à appeler cette présence de bonne foi. Ceci se fait via l'intermédiaire des prières, du jeûne, des gestes positifs et des orientations saintes.

C'est ce que la plupart des personnes ne comprennent pas. Personnes dont l'esprit a été brouillé et détournés de la connaissance spirituelle positive, mettant ainsi leur destin en question.
Nous oublions tellement que nous n'atteignons quelque chose de lumineux qu'après une quête douloureuse.

C'est très illusoire, car beaucoup ne croient pas en cette doctrine, ce qui donne l'opportunité à l'oppression et à l'aliénation satanique de bien s'imprégner dans leur pensée.

Encore, chaque blessure ou préjudice ayant une origine diabolique ne peut être combattu ou réfuté que par des moyens spirituels.

L'être humain qui réussit l'élévation spirituelle accède automatiquement à un diapason de lumière.

Beaucoup ont toujours cette sensation qu'elles peuvent gérer cette situation naturellement, et accepter de telles pensées ne fait qu'empirer la situation. Un cas diabolique non solutionné est toujours en progrès vers une situation pire. En outre, la société exige beaucoup de force pour survivre et avoir une vie décente et les plaisirs sont les premières choses à mettre de côté quand vous voulez percer dans ce que vous entreprenez.

Les pratiques occultes de la Feymania (arnaque) sont une tendance diabolique bourrée de comportements corrompus qui déprécient l'homme et son environnement, et ne peuvent être combattus qu'avec les vraies lois de la nature. Sinon, n'importe quel rituel occulte pour nettoyer le désordre causé par le précèdent rituel ne peut qu'asseoir une autre crasse, parce qu'il n'y a aucun lien avec la cosmologie divine.

Mais pour ceux qui recherchent la rédemption divine doivent commencer par se déconnecter de toute forme de pratique occulte venant de Guru, prier avec fermeté en éliminant toutes les formes de doute dans l'esprit (il est également conseillé d'entrer en contact avec des exorcistes digne de nom).

De sorte qu'il y ait une haute pénétration de la fermeté divine dans vos mots, afin que la Grace de Yahvé puisse se faire valoir.

Voici une recherche pour l'abandon total. De cette manière, l'esprit de consolation et la suprématie divine vont prendre possession de ton cœur et de ta pensée.

La prochaine étape sera un acte de confesser tes péchés à Dieu, puisque l'esprit de Dieu ne peut élire domicile dans la saleté quel qu'en soit la quantité.

Encore, la victime doit se laver de toutes ses sales habitudes et des offenses envers les autres en acceptant son statut de pécheur.

L'Esprit Divin aime la transparence, car nos cœurs doivent être purs ; Dieu nous demande une certaine sincérité dans notre vie de tous les jours.

De ce fait commencer à vivre une vie de repenti, et s'accrocher à cette nouvelle vie pour la maintenir pour toujours. En regardant des choses du bon côté et en étant toujours prêt à laisser passer les offenses commises par les autres et les siens.

Dorénavant, devenant pour ainsi dire un esprit humble, les personnes ; les miracles de la contrition vont désormais venir à toi.

Les contraintes de la vie moderne ont forcé des personnes à vivre dans une telle hâte, au point où elles n'ont même pas eu le temps d'apprécier la beauté de ce monde ou de jouir de ses bienfaits.

De cette manière, ceux-ci se sont éloignés de leur créateur, et aujourd'hui ils sont face à des circonstances dans lesquelles le retour vers lui devient inévitable.

Beaucoup de choses peuvent être la cause de notre victimisation, raison pour laquelle des prières ont été particulièrement choisies afin de faire face à de telles situations.

Ces prières ont été personnellement données par notre Seigneur lui-même. Svp, les dires (des prières) avec beaucoup de dévotion et d'adoration pour celui qui est mort pour que nous soyons sauvés. Si possible se mettre à genoux, parce que ces prières sont très puissantes et font partie de la plus grande dévotion de notre génération.

Le seul chemin par lequel nous pouvons combattre le mal, c'est de nous en remettre à Dieu, de requérir son secours. Il est la lumière et le seul chemin. Des prières peuvent lui être adressées avant d'entrer dans une quelconque affaire, pendant une affaire ou après avoir été victime. Mais, c'est mieux en entrant dans une affaire, en particulier si vous avez des doutes.

Ouverture

Dieu, viens à mon aide

Seigneur, à notre secours

Gloire au Père, au Fils, et au Saint Esprit

Au Dieu qui est, qui était, et qui sera

Pour les siècles des. Amen

Prière 1

Vous tous nombre d'ennemies de la Sainte Mort de mon maitre Jésus Christ sur la croix du Calvaire, le prince de l'obscurité et l'iniquité, le père de tous les menteurs; je suis debout sur la mort de mon maitre Jésus Christ et offre ses douleurs, blessures et son précieux sang de sa main gauche au père Eternel, pour votre chute votre destruction et votre flagellation. Amen

Prière 2

Adoration! Adoration! Adoration!!! A toi

O ! Puissante arme;

Adoration! Adoration! Adoration!!! A ton Précieux Sang

Pitie Agonisant Jésus Christ pour ton Précieux sang sur les amés

Satisfait notre soif et défi l'ennemi. Amen

Puissant Sang du Salut, combat l'ennemi. Amen

14 Comment Déposer Une Plainte

Comme mentionné à l'introduction de cet ouvrage, le cyber arnaque agit comme un logiciel qui subit des mises à jour rapides et constantes; Tant qu' il y aura des victimes à se faire aisément à travers le monde entier autant cela suffira pour développer de nouveaux styles, et tout le reste suivra, avant qu'ils n'arrivent aux quartiers généraux d' Interpol ou du FBI ou de la police locale.

Ou si l'on se trouve dans un pays sous développé, la tentation peut être très poussée aussi souvent que les flics succombent au pot-de-vin plutôt que de dénoncer les coupables une fois appréhendés.

Bien qu'en réalité, quelques individus capturés font immédiatement usage de leurs contacts hauts placés ; avec un coup seul de fil, l'affaire est résolue.

Comme nous le savons tous la plupart des gouvernements ou polices sont reconnus pour être le corps le plus corrompu sur terre. Toujours, est recommandé de déposer votre plainte. Car nul ne sait votre cas peut toujours être mis en lumière

a) Assemblez toutes les références qui vous sont faites sur les emails envoyés (avec l'information de l'en-tête pleine du message), depuis le premier jour de votre communication, si possible avec les références de date aussi; ainsi ceci aiderait à tracer la provenance et déterminer l'origine du message.

b) Rassemblez toutes les références concernant tous les transferts d'argent effectués, cela confirmera vos envois.

c) Le nom ou un état nominatif de gens qui ont été contactés (les surnoms utilisés, télécopies, numéros de téléphone, les copies de courriers échangés, si possible les coups de téléphone enregistrés.)

d) Ajouter toutes autres formes d'informations importantes qui peuvent être d'une aide, comme la

description de sa voix ou l'attitude distinguée lors de la discussion etc.   .
(http://www.straightshooter.net/help_for_fraud_vic tims.htm)

15 **Ou Déposer Une Plainte**

Déposer une plainte s'accompagne toujours de douleurs et regrets, car même si, la probabilité d'attraper le coupable très faible, la vérité a toujours de fortes chances de triompher.

Les cas mineurs ne sont pas toujours pris au sérieux par les corps impliqués jusqu'à ce que les sommes commencent à se chiffrer presque en centaines de milliers de dollars.

Le pire est à craindre si les coupables sont basés à l'étranger ou dans un continent comme l'Afrique car la probabilité sûre de récupérer l'argent devient quasi impossible, même lorsque ces bandits sont capturés.

I. Au Nigéria au commissariat de l'Infraction

Economique et Financier (EFCC). http://www.efccnigeria.org /

II. l'Ambassade Nigériane ou haut-commissariat dans votre pays de résidez.

III. Agence Nationale de la Mise en application des Lois et Les Représentations diplomatiques étrangères dans votre pays.

IV. Spam de réseau - Cop qui a la capacité de traquer les comptes des emails des fraudeurs en dépit de l'ISP ils utilisent et débarquent à leur point d'origine d'entrée dans le monde.

V. Au fournisseur Yahoo. abuse@yahoo.com. en en-tête, lui demander la fermeture.

VI. Google ou fournisseur Gmail. abuse@gmail.com. en en-tête, lui demander fermeture.

VII. Au fournisseur Hotmail. abuse@hotmail.com. en en-tête, lui demander fermeture.

VIII. Service Secret Américain.

IX. Bureau FBI local.

X. Service de l'Inspection Postal Américain.

XI. l'Assistance de la Plainte d'Ordre du Commerce Fédéral. (spam@uce.gov).

XII. INTERPOL (Police Internationale).

XIII. BEFTI (les dû sur du d'Enquêtes de la Brigade Fraudes aux Technologies de l'Information).

XIV. D'Italie,75 d'avenue 013 Paris.

XV. eBay spoof@ebay.com (emails eBay relatif à).

XVI. PayPal spoof@paypal.com (emails PayPal relatif à).

XVII. Citi emailspoof@citigroup.com (emails Citi relatif à).

XVIII. Banque Centrale du Nigeria. Unité anti-corruption anticorruptionunit@cenbank.org et devrait faire si surtout si CBN est mentionné dans la méthode 419.

XIX. Pour les Australiens. section criminelle ouest africaine pour l'Australie à (er-waoc@afp.gov.au).

XX. Pour les Belges. Police Fédérale belge à contact@fccu.be.

XXI. Pour le Canadien. Phonebusters info@phonebusters.com ou sur le site web de la Police royale du Canada (RCMP/GRC)pour la Hollande. Au Ministère national de la Fraude et service des renseignements Criminel de la Hollande (le " sujet devrait être APOLLO - PERTE " WACN@klpd.politie.nl ') Projet Apollo (PERTE ou AUCUNE PERTE).

XXII. Korps Landelijke Politiediensten, Postbus 3016, 2700 KX Zoetermeer, La Hollande, Téléphonent à non. : 0031 - 79 - 3458900, Fax.no.: 0031 - 79 – 3459100.

XXIII. Pour les sud-africains, à la Branche Commerciale, service de police sud-africaine , Bureau général de Surveillance SC Schambriel à fac-similé nombre +27 12

339 1202, numéro de téléphone + 27 12 339 1203 ou e-mail hq.commercial@saps.org.za. S'il vous plaît mentionner si vous avez ou pas subi toute perte financière.

XXIV. Pour les Anglais. Les The London Métropolitain Police web site concernant les problèmes de fraude: http://www.met.police.uk/fraudalert/419.htm meilleurs sites de référencement des arnaqueurs mondiaux Avec leurs photos, emplacements, Facebook pagine, multi - sobriquets, emails de l'escroquerie de l'échantillon, multi - téléphone compte etc.

a. www.419scammersexposed.com
b. www.aa419.org
c. www.Hoaxbuster.com

16 Des Echantillons De Types Des Frais Exiges

A cette hauteur, il ne fait aucun doute que vous êtes devenu l'épine dorsale de l'affaire, que tous les frais ou taxes qui menacent le déplacement de fonds supposés, devient votre préoccupation primordiale de là jusqu'à la fin ou vous devenez le grand perdant d'un accord qui aura voulu changer votre vie et celle de ceux qui vous entourent.

Encre marquée, avec des langages comme, "ça va être beau, il est le dernier à l'ordre du jour, que nous avons fini avec elle à la fin", mais à la page suivante se trouve un autre frais inattendu demandé et qui vient à nouveau sous forme d'une torsion cruciale, avec plus de secousses que l'autre.

Et c'est ce qui se passe pendant des semaines et

des mois et là, la personne victime devient très certaine qu'il ou elle ne verra jamais toute l'économie appartenant à la soi-disant entente de transfert de fonds.

Ce qui en fait, est l'objectif principal de l'arnaqueur et comme l'arnaque a été un plein succès il peut se reposer ou voyager d'un pays à l'autre ou même dans le pays de la personne victime de l'arnaque en utilisant des entêtes de papier à lettres et documents juridiques donnés par la victime pour lui permettre d'obtenir un visa.

Il est toujours très pitoyable de voir comment les gens de haute intelligence et d'une puissance à tout rompre sont pris à ce jeu de dupes par des gars qui sont juste simplement intelligents et incultes pour les mœurs. Certains modèles sont :

1) Frais de contrat.
2) Frais d'exportation ou d'assurance (*argent en toute sécurité destinés à des comptes bancaires étrangers*).
3) Honoraires du procureur ou des avocats.
4) Les frais de transaction.
5) Frais de stockage ou la libération par une entreprise de sécurité.
6) Frais de communication.

7) Les frais de licences ou d'enregistrement.

8) Les frais d'avance ou avance de frais.

9) Impôts sur le transfert, les obligations de performance.

10) Frais de Certificat de lutte contre le terrorisme.

11) Frais d'ordonnément.

12) Frais d'exonération de taxe sanitaire.

13) Frais de corruption.

17 Exemple Des Lettres Utilisées Pour Atteindre Les Victimes Dans Le Monde

Salut cher, Mon nom est Edna Edgard j'ai vu votre profil sur le travail de filet de médias sociaux et est devenu intéressé à vous connaître, et être votre ami s'il vous plaît écrivez-moi à travers mon adresse email (ednaslove4 @ yahoo.com) ainsi je peux vous envoyer mon photo et vous en dire plus sur moi

merci

Edna,

Mon nom est Marry j'ai vu votre profil aujourd'hui et m'intéresse à vous, j'aime aussi savoir la relation de plus en base sur la vérité et de confiance avec vous, je veux que vous envoyez un mail à mon adresse email afin que je puisse vous donner mon d'image pour vous de qui je suis mon email id est ici marry_42siako @ (yahoo). com

Je suis en attente de votre mail à mon adresse email ci-dessus, s'il vous plaît, j'ai quelque chose de très important, je veux dire à you. i crois que nous pouvons commencer à partir d'ici!

rappelez-vous que la distance ou la couleur de la race dis peu,

marry. . (marry_42siako @ (yahoo). Com

Siège social d`Apple

Rhodes Way Watford

Hertfordshire WD264YW

Bureau de Londres Royaume-Uni

Nous sommes heureux de vous informer que votre adresse e-mail que vous a remporté un prix dans l'actuel Apple I Phone anniversaire prix telle qu'elle est organisée par l'Apple Inc. London, Royaume-Uni.

Le Centre anniversaire de Apple Inc. a choisi au hasard 10 adresses e-mail par un système de vote d'ordinateur pour recevoir un prix de huit cent cinquante mille livres sterling (GBP 850.000,00) chacun comme une partie de leur promotion à but lucratif aile philanthropique. Prix doit être réclamé par le propriétaire de l'e-mail uniquement, au plus tard 21 jours après la date de notification. Code de référence: Apple09/294/M-3 Numéro de dossier: G12 / 1. Les heureux gagnants doivent garder à l'esprit que ce prix vient avec un cadeau d'une nouvelle iphone5s Apple.

NOTE: Pour les demandes, de bien vouloir envoyer vos renseignements personnels avec vos attribution Ref No et à nous de cet e-mail Identifiant: (appledept2013@qq.com)

. 1 Nom complet:

. 2 Adresse de contact:

. 3 Pays:

. 4 Téléphone:

5. État civil:

. 6 Profession:

. 7 Sexe:

. 8 Age:

9. Email:

Félicitations une fois de plus de nos membres du personnel et je vous remercie de faire partie de notre programme promotionnel

Cordialement,

Dr Gideon Brown.

Tel: +448712341439

INDEMNISATION DES NATIONS UNIES FONDS

C'est à porter à votre connaissance que nous, la République du Bénin Nations Unies sont déléguées à vous informer depuis les bureaux des Nations Unies à payer 10 personnes de la République du Bénin victimes de l'escroquerie(419) 2.200,000.000 $ USD chacun, votre E-mail sont répertoriés et approuvé pour cette paiements l'une des victimes arnaque, Sur cette fidèles recommandations, nous voulons que vous sachiez que lors de la dernière réunion de l'ONU qui s'est tenue à Porto Novo, la capitale de la République du Bénin,

Il a été alarmé tant par le reste du monde à la réunion sur le perdre de fonds par de nombreux étrangers aux escroqueries artistes opérant dans les syndicats partout dans le monde d'aujourd'hui, le président du pays DR. Yayi Boni est en train de payer 10 victimes de cette opérateurs 2.200,000.000 $ USD chacun, en raison de la corruption et l'inefficacité des systèmes bancaires en République du Bénin.

Nous avons déposé votre fonds à la Banque de l'Afrique de bureau (BOA) emplacement SME Poster Cotonou République du Bénin. Nous avons soumis vos informations à leur disposition afin que votre fonds peut être transféré, bureau de paiement de contact Bank Of Africa (BOA) à travers indiqué ci-dessous, le bureau va transférer le fonds à vous. Ses renseignements

Nom du contact du directeur

MRS. JESSICA MICHAEL

Nom de la banque: Bank Of Africa

Email: bankofafrica@mail15.com

Dites: +229-9855-6965.

Cordialement,

Dr.Frank Christ Ali

Coordonnatrice adjointe des Nations Unies

République du Bénin, Afrique de l'Ouest.

....

Nous contacter directement à l'ONU

Office des Nations Unies Bureau Bénin RP.

Email: unitednationoffice@fromru.com

Salutations et que Dieu vous bénisse,

Avec respect, je dois m'excuser pour ce message non sollicité, je suis conscient que ce n'est certainement pas une façon classique d'aborder une personne inconsciente pour l'établissement de projet. Mais j'insiste respectueusement vous lisez ce message attentivement avant de prendre une décision, soit de procéder ou supprimez mon message comme je suis optimiste, il sera couronnée de succès pour avantage financier inimaginable. mais, jusqu'à présent, je n'ai pas entendu parler de vous, j'espère que tout va bien avec vous et votre famille. Mon nom est Maria BONGI Ntuli actuellement sous-ministre du développement social de l'Afrique du Sud. Je n'ai occupé plusieurs postes en direction de Nation Building.

Vous pouvez consulter mon profil à www.gov.za clic sur le contact du gouvernement, cliquez sur les sous-ministères et de localiser le développement social et de lire sur moi.

Je suis marié à la fin a M. Zuma Ntuli et le mariage a duré 25 années avec seulement un enfant. Mon mari est mort d'une maladie qui a duré seulement six semaines. Je sais que mon message peut venir à vous comme une surprise, raison pour laquelle nous n'avons pas vu ou rencontrer avant. Je sollicite votre aide, car je suis divinement dirigé.

Avant la mort de mon mari, nous étions pur chrétiens nés de nouveau. Quand mon mari était vivant, nous avons déposé la somme de $ 30.5million nous dollars dans une institution financière ici dans mon pays, et le fonds émanait à la suite d'un contrat sur la facture qu'il a fait avec mon ancien ministère. Bien que je l'ai aidé à obtenir le contrat, mais je ne savais pas qu'il sur gonflé contrat. Le gouvernement nous sommes sous le camarade Jacob Zuma (Le président actuel de mon pays, l'Afrique du Sud) est venu avec une politique pour examiner les contrats passés il ya des années, et il est prêt à confisquer les fonds avec une tendre irrégulière, donc c'est ma raison de contact mon contact avec vous.

Récemment, mon docteur m'a dit que je ne vais pas durer jusqu'à six mois, à cause de mon diagnostic de cancer. Mon problème le plus urgent est la course, que je dirigeais avant ce nouveau cas médical. Après avoir su mon état j'ai décidé de donner ces fonds à une église ou mieux encore, une personne chrétienne qui utilisera cet argent la manière que je vais instruire ici po Je veux une personne ou d'une église qui utilisera ce fonds pour les églises, les orphelinats , des centres de recherche et les veuves se propageant le travail / parole de Dieu et à faire en sorte que la maison de

Dieu est maintenue. La Bible nous a fait comprendre que bénie est la main qui donne. J'ai pris cette décision parce que j'ai un enfant qui héritera de cet argent, mais mon fils ne peux pas faire ce travail seulement parce que moi et mon mari décide d'utiliser une partie de l'argent à travailler pour Dieu et vivre un peu pour notre fils d'avoir une mieux vivre. Notre fils est juste 15 années vieux maintenant, et grandit en Afrique ici, il a une faible maturité et donc contraire c'est aussi un! des raisons pour prendre cette décision audacieuse. Je n'ai pas peur de la mort par conséquent je sais que je vais être dans le sein du Seigneur. Exode 14 VS 14 dit que le seigneur défendra ma cause et je me tairai.

Je voudrais que vous compreniez que mon contact est pour vous un sens divin de Dieu; Dès que je recevrai votre réponse je vous donnerai le contact de la Finance / banque. Je vous publierai également une lettre d'autorisation qui vous permettront comme le nouveau bénéficiaire de ce fonds.

Mon bonheur est que je vis une vie d'un croyant digne EN DIEU TOUT-PUISSANT. Tout retard dans votre réponse me donnera à manger dans le sourcing pour une église ou une personne chrétienne dans ce même but.

S'il vous plaît m'assurer que vous agirez en conséquence comme je l'ai dit ici et je vais S'il vous plaît que vous me contactez immédiatement vous recevez ce mail afin que je vais demander la Finance / banque! Transférer ce fonds dans votre compte pour plus d'utilité.

Correspondance doit être par courrier électronique à un de mes adresses e-mail privé: mantuli1956@gmail.com

Ne pas appeler mon BUREAU.

Restez béni dans le nom du Seigneur Dieu Tout-Puissant.

Mme MARIA BONGI Ntuli

PRENNENT NOTE S'IL VOUS PLAÎT: Répondre seulement à cette adresse e-mail privé: mantuli1956@gmail.com

Compliments,

J'ai obtenu votre contact à partir d'un répertoire des entreprises. J'ai décidé de vous contacter pour une entreprise avec mon entreprise. L'entreprise où je travaille avec est dans la fabrication de matériaux pharmaceutiques. Il est une matière première que l'entreprise a utilisé pour m'envoyer en Inde pour acheter.

En ce moment, j'ai été promu au poste de directeur. La société ne peut pas me envoyer à l'Inde de nouveau; ils vont envoyer un personnel plus junior. Le directeur a demandé le contact du fournisseur en Inde. J'ai besoin d'une personne que je vais présenter à la société en tant que fournisseur de l'Inde. Vous allez maintenant acheter le directeur a demandé le contact du fournisseur en Inde. J'ai besoin d'une personne que je vais présenter à la société en tant que fournisseur de l'Inde. Vous allez maintenant acheter le produit auprès du revendeur local et fournir à ma compagnie.

Le bénéfice sera partagé entre vous et moi pourquoi je ne veux pas l'entreprise d'avoir un contact direct du concessionnaire local est que, je ne veux pas l'entreprise de connaître le prix réel j'achetais le produit.

SI VOUS ETES INTERESSE S'IL VOUS PLAÎT NE REVENEZ POUR MOI POUR PLUS DETAILS.ON Mon email peter.oscar86 @ yahoo.co.uk

Attendant humblement votre réponse positive à ma demande.

Cordialement,

Dr. Peter Oscar

Email peter.oscar86 @ yahoo.co.uk

L' Reserve Bank of India

ELECTRONIC DEPT DE TRANSFERT , 6 , SANSAD MARG ,

JANPATH , NEW DELHI , H.O. 110001 ,

NEW DELHI .

Notre ref: RBI/0A2/8138061

Fichier : rbi/B1o4/f12

Montant du paiement: Rs 4,61,00,000

Reserve Bank of India OFFICIEL DE PAIEMENT NOTIFICATION

Cher bénéficiaire :

Ceci est pour vous aviser de toute urgence que le nouvellement nommé gouverneur RBI M. Raghuram Rajan Govinda a ordonné le transfert immédiat de tous les fonds en instance à la fois du transfert interne au ministère de change / remise en RBI , ce fonds comprend de contrat , les fonds hérités , loterie gagnant fonds et tout type de transfert en suspens en raison d'une raison ou l'autre . La décision a été prise après la rencontre avec le gouverneur équipe de l'économie de la nation quelques heures après sa nomination de bureau .

Le but est de savoir comment stimuler et améliorer l'économie. Approuvé le transfert de tous les fonds en attendant le bénéficiaire légitime pour que les fonds peuvent être en circulation . Rs / 4 crore 61 Lakh a été approuvé par le gouverneur pour un transfert immédiat . Nous vous prions de remplir le formulaire ci-dessous correctement et effectuer le paiement de Rs.20 , 500 Frais de comptabilisation pour nous permettre de rendre ce transfert effectif immédiatement. Remplissez le formulaire ci-dessous pour vérification et envoyer à : customercare@indiarbi.co.in

. Une complète des noms :

. 2 Résidentiel Adresse:

. 3 Nombre mobile :

. 4 Profession :

5 Sexe: . __ Âge:

. 6 Nationalité :

7. Coordonnées bancaires :

8 E-mail id . :

9 . Et assurez-vous également que vous envoyez votre identifiant preuve .

Reserve Bank of India ..... BANCAIRE EST LE SECTEUR ..... CROISSANCE ÉCONOMIQUE EST NOTRE PRIORITÉ

La gestion de la RBI

M. Raghuram Rajan Govinda

R.B.I GOUVERNEUR .

Email : customercare@indiarbi.co.in

ZENITH INTERNATIONAL BANK PLC .

Zenith Holdings Plc

8 Canada Square .

Victoria Island.Road E14 5HQ . New York

Téléphone: (+12393007114)

Attention : Attention : Attention ,

Je sais que cette lettre viendra à vous comme une surprise, mais je veux que vous lisiez avec la maturité. Ce jour-ci , une certaine Mme Cynthia Edward , est venu à mon bureau pour nous faire savoir que vous êtes morts, et avant votre décès , vous lui ordonna de venir à la demande de votre capital à hauteur de US $ 2 Million qui a été longtemps abandonné en votre nom auprès de cette banque (ZENITH bANQUE INTERNATIONALE

PLC) c'est ce que nous voulons vérifier auprès de vous avant de faire le paiement à qui est venu pour la demande .

(: I) Avez-vous autorisé Mme Cynthia Edward de venir à votre demande ?

(ii) Êtes-vous vraiment mort ou vivant?

Si (NO) vous êtes par les présentes avis de confirmer les détails de ce message dans les 24 heures , d'où vos fonds sont câblés sur son compte sans plus de retard .

Enfin, vous êtes encouragé de confirmer les détails de ce message et revenir immédiatement à ces informations \ ' s

Ci-dessous ..

. 1 Nom complet: ....

. 2 Direct numéro de téléphone : ...

. 3 Adresse : ....

4 . Votre identification personnel pour nous permettre de confirme que vous n'êtes pas mort.   ci-dessus doivent être fournies pour la reconfirmation pour nous permettre de faire le paiement à vous.

Nous attendons votre réponse urgente aujourd'hui. Vous devez agir très rapidement , parce que si cette banque attend votre réponse urgente dans les trois jours ouvrables et n'a pas reçu de message de votre part , vous serez considérez morts, et votre fonds seront transférer à Mme Cynthia Edward .

Voici un compte fournir par Mme Cynthia Edward à cette banque , vous êtes aussi celui qui lui demande de fournir ce compte bancaire à nous ?

Washington Mutual Bank

2075 S. Victoria Ave

Ventura , CA 93003

800 788-7000

Acct . Nom: Mme Cynthia Edward .

Type: Vérification

ABA # 322271627

N ° de compte 1951204345

Montant : 2 US $, millions .

En outre, cette banque a découvert que vous avez fait affaire avec quelques mauvaises œufs fonctionnaires qui vole un peu d'argent de votre part sans faire la bonne chose , comme des conseils pour arrêter la communication avec eux , vos fonds est

maintenant approuvé pour le paiement , suivez la procédure menant. Il faut une droit demande d'attention urgente cet message , la banque est en attente de vous entendre ; ne pas appeler ce numéro ci-dessous direct.

Direct Mobile Hot Line : (+12393007114)

Cordialement,

M. Jim Ovia .

Chef des opérations comptables

Cher . ami ,

Le président du Nigeria Dr Jonathan Ebele Good Luck , et le secrétaire de l'Organisation des Nations Unies, a demandé en collaboration avec la Banque centrale du Nigeria Plc que 20 victimes de l'escroquerie devraient être payés une commission de la rémunération de 3,5 millions de dollars.

Revenir à moi si vous voulez faire partie de cette nouvelle résolution et ne communiquent pas ou dupliquer ce message à une quelconque

Comme , le service secret américain , le FBI, et EFCC sont déjà sur la trace des criminels restants .

Les paiements doivent être payés par l'Unité fédérale Compte de réserve , une aide financière par la Zenith Bank Nigeria Pl c .

Personne à contacter:

Nom : M. Paul Martin Sam

Email : mrpaulsammartin23@yahoo.co.jp

ligne de sécurité directe : +234 816 679 5893

Cordialement ,

Rev Mme paix Uwem

Sécrétoire au bureau de la présidence .

Je suis M. Tan Yoke Kong et j'ai un truc confidentiel de Hong Kong , je vous demande de partenariat en re-profilage des fonds de 18,6 M $ souhait est dollars . Votre coopération sincère est prévu et je dois vous fournir avec les détails et les procédures, sur la réception de votre réponse à mon e-mail: (tkong10@qq.com) Merci et mes salutations .

BG Group plc Thames Valley Park, Reading, Berkshire, RG6 1PTUnited Uni

Cher partenaire

Il est un fait que nous nous sommes pas rencontré avant ni nous avons eu des relations d' affaires antérieures , mais je crois fermement que la compréhension et la confiance que nous pouvons avoir une relation d'affaires fructueuse . Je suis un personnel principale avec Oil & Gas Compagnie { BG GROUP } Royaume-Uni.

-J`accès à l'information très important qui peut être utilisé pour transférer des fonds sur le compte du projet à un compte sécurisé en dehors Royaume-Uni . J'ai les mécanismes nécessaires pour y arriver depuis que je suis toujours en service actif . S'il était possible pour moi de le faire seul, je n'aurais pas pris la peine de solliciter un soutien extérieur, en fin de compte j'ai besoin d'un étranger honnête de jouer un rôle important dans la réalisation de cette activité beaucoup .

J'ai hâte de vous rencontrer en personne et faire de bonnes affaires avec vous et s'il vous plaît traite de façon confidentielle .

J'attends votre lettre d'intention de collaborer avec moi

sincèrement

Malcom Brown

EMAIL: mrmbrown191@gmail.com

Bonjour ,

À QUI DE DROIT

J'ai reçu de votre adresse e-mail sur le WEB et je m'excuse si . Cependant , ma priorité majeure de communiquer avec vous est de proposer un accord qui exige une exécution immédiate et rapide . Je vais vous donner tous les détails nécessaires sur moi une fois la confiance établie entre nous. S'il vous plaît lire attentivement et de revenir à moi, mais vous avez l'obligation de refuser si vous n'êtes pas intéressé.

Je suis Preston parmi les troupes américaines envoyées en Jordanie pour aider les efforts pour contenir la violence le long de la frontière syrienne et le plan pour toutes les opérations nécessaires pour assurer la sécurité des armes chimiques en Syrie . , . Je suis actuellement à la Force US Marine sur la surveillance et mission de maintien de la paix en Jordanie Syrie frontaliers en ce moment .

Ce jour Août 2013, nous avons obtenu des informations sur une terreur camp d'armes chimiques existant à Damas . Après l'invasion immédiate , nous avons conquis et succès dissous le camp capturer quelques membres de ce groupe . Dans le processus de leur interrogatoire, ils ont avoué être les rebelles se sont rendus secrètement par la Syrie sanctionner anciens hommes de poste sous- commandant et un ancien chef de groupe Jordanie , et ils nous ont emmenés dans une grotte dans Dimashq , qui a servi de camp de laboratoire de chimie .

Ici , nous avons récupéré les marchandises assorties et espèces sonnantes et trébuchantes dans des devises différentes , la course en trillion de millions de livres et en euros . Nous avons décidé de retourner dans l'autre les marchandises et garder l'argent . Frank parler , il a été partagé entre nous . ce n'était pas notre faute, mais qui jamais travailler doit obtenir de son travail acharné et aussi pour maintenir la paix et un esprit parmi nous . J'ai en ma possession la somme de (GBP £ 950,000) et une qualité poussière d'or / Bars : pureté 99/9 que ma part. Parmi les 8 soldats rester énormes quantités. De retour au gouvernement militaire qui est normal pour eux que nous envoyer .

C'est là que réside le problème. Comme un officier de l'armée , je suis pas censé avoir cet argent en ma possession . C'est pourquoi je suis en vif besoin d'une fiducie digne homme / femme fiable et qui recevra l'argent , sécurisé et protéger jusqu'à mon arrivée qui devrait être bientôt. Je dois prendre cette chance parce que, je n'ai pas d'autre choix que de faire confiance à quelqu'un d'ailleurs, mon temps est écoulé rapidement , Tout ce que j'ai est ma petite fille et elle mérite une vie décente car je suis actuellement incapable et seront soulagés de mon devoir , une fois je suis libéré du camp de base . Je vais déménager à vous rencontrer avec ma fille ou envoyé ma fille à vous rencontrer sur et d'investir l'argent conformément à la loi , vos conseils et votre aide sera nécessaire . Nous pouvons travailler ensemble et atteindre un meilleur avenir pour nos familles.

Tout ce que je demande, c'est , permettez-moi de m'inscrire l'envoi à votre nom en tant que trésor de famille et on s'attend à récupérer une fois qu'il est envoyé pour atteindre vos résidents ok . Il n'y aura pas de risque dans cette affaire ; C'est comme expédition normale . J'ai fait les arrangements nécessaires au transport sûr de l'argent à votre emplacement préféré . Je suppose que vous êtes capable de gérer un report d'expédition de main de cette ampleur et aussi vous confiance pour maintenir le secret absolu et confidentialité afin de protéger cette grande réalisation . En moins de 7 jours de l'argent devrait être en votre possession si vous êtes rapide de votre part . Méfiez-vous , j'ai pris des mesures de précaution pour assurer l' argent. La boîte est codée avec un gadget de haute sécurité . Je vais vous donner 30 % de l'argent et 70 % pour moi . Je crois que c'est un traitement équitable , mais vous êtes invités à négocier . S'il vous plaît déclarer votre intérêt en envoyant les informations suivantes .

Nom complet ....

Adresse complète de réception ....

Numéro de téléphone direct ....

Occupation ....

Nationalité ....

Je prévois votre réponse positive et la réception de vos informations , je vais dévoiler mon identité complète . Et comme une promesse de militaire ne peut divulguer vos informations en dehors de la personne en cause est en cours d'expédition . Nous n'avons pas le luxe de perdre du temps si gentiment de répondre dès que possible. Tout le courrier de votre part doit être envoyer réception et transmis à cet e-mail ID

Cordialement Phil Preston . S

www.ingramcontent.com/pod-product-compliance
Lightning Source LLC
Chambersburg PA
CBHW071149050326
40689CB00011B/2046